Quatorze santos de emergência

OBJETIVA

LUÍS EDGAR DE ANDRADE

Quatorze santos de emergência

OBJETIVA

Para Isabel, Bárbara
e Constança

SUMÁRIO

INTRODUÇÃO

PARA QUE SERVEM OS SANTOS?

Dizem os biógrafos de São Domingos que, pouco antes de morrer, em Bolonha, na Itália, em 1221, ele pediu aos frades dominicanos, reunidos em volta de sua cama, que não chorassem na despedida: "Prometo que serei mais útil depois de morto e ajudarei com mais proveito do que durante a vida."

Promessa parecida fez a seus futuros devotos Santa Teresinha do Menino Jesus, a religiosa carmelita que morreu em Lisieux, na França, em 1897, e foi canonizada em 1925: "Passarei meu céu fazendo o bem na Terra."

Como Santa Teresinha e São Domingos, os Quatorze Santos Protetores, de que trata este livro, pediram a Deus, na hora da morte, segundo as lendas, que jamais deixasse de atender às orações dos que os invocassem em caso de emergência.

Os santos, eles todos, de maneira geral, exercem desde os tempos antigos um fascínio sobre a imaginação das pessoas. Apesar disso, não é unânime, na cristandade, o sentimento dos fiéis em relação a seu culto.

Quando se separou de Roma, em 1517, desencadeando a Reforma Protestante, o frade alemão Martinho Lutero denunciou a invocação deles como sendo uma prática supersticiosa, inspirada pelo Anticristo:

> *O exemplo dos santos pode ser proposto aos cristãos para que se imite sua fé e, segundo a vocação de cada um, suas boas obras. As Sagradas Escrituras, porém,*

não nos recomendam que os invoquemos ou lhes peçamos socorro. A Bíblia só nos propõe o próprio Cristo como único mediador, propiciador e intercessor.

Santo Agostinho, porém, já havia demonstrado, no século VI, a diferença existente entre a veneração dos santos, que os teólogos chamam *dulia*, e a adoração a Deus, ou *latria*:

> *Nós, cristãos, construímos monumentos a nossos mártires, não como se fossem templos aos deuses, mas como túmulos de homens mortais, cujo espírito vive junto a Deus. Não erguemos altares para oferecer sacrifícios aos mártires, só oferecemos sacrifícios a Deus por nós mesmos e por eles, mártires.*

No século XVI, reagindo às críticas que os protestantes faziam a esse culto, o Concílio de Trento, reunido durante a Contra-Reforma, condenou formalmente como heréticos "os que negam a invocação dos santos que gozam da felicidade eterna no céu; e os que acreditam que os santos não rogam a Deus pelos homens; ou que é uma idolatria invocá-los a fim de que intercedam pelas intenções de cada um de nós em particular; ou que é algo que repugna à palavra de Deus ou que é contrário ao culto que se deve a Jesus Cristo, único mediador entre Deus e os seres humanos; ou que é insanidade dirigir-se por palavras ou pensamentos aos santos que estão no céu". Foi o que afirmou, em 1563, o decreto *De invocatione, veneratione et reliquiis sanctorum et de sacris imaginibus*.

Esse ensinamento do século XVI foi reafirmado, quatrocentos anos depois, pela constituição dogmática *Lumem Gentium*, que o papa Paulo VI promulgou em 1964, no final do Concílio Vaticano II:

> *Ensinem, portanto, aos fiéis que o verdadeiro culto dos santos não consiste tanto na multiplicação dos atos externos quanto na intensidade do nosso amor efetivo, pelo qual, para maior bem nosso e da Igreja, procuramos "na vida dos santos um exemplo, na comunhão com eles uma participação, e na sua intercessão uma ajuda". Por outro lado, mostrem aos fiéis que as nossas relações com os bem-aventurados, quando concebidas à luz da fé, de modo algum diminuem o culto de*

adoração prestado a Deus pai por Cristo, no Espírito, mas, pelo contrário, o enriquecem ainda mais.

Ao rezar na missa o *Eu Pecador*, os católicos fazem, em coro, esta invocação: "E peço à Virgem Maria, aos anjos e santos e a vós, irmãos e irmãs, que rogueis por mim a Deus Nosso Senhor."

Apesar de a doutrina católica sobre o culto dos santos ser muito clara, ninguém sabe ao certo como se dá a misteriosa comunicação entre os dois mundos separados pela morte, quando um devoto apela a determinado protetor, na esperança de ser atendido. De que modo os santos têm conhecimento das preces dirigidas a eles? Como se produzem os efeitos de sua mediação junto a Deus? Que interferência eles teriam na vontade divina?

Um teólogo da Idade Média, Hugo de São Vítor, tentou elucidar essas questões. Os santos, na opinião dele, independentemente de nossas orações, conhecendo nossas fraquezas, que eles próprios experimentaram em vida, estão sempre rogando por nós a Deus, o qual, sabendo desses pedidos, pode atendê-los, ainda que os santos não saibam exatamente o que pedimos. Nessa hipótese, não haveria uma relação direta de patrocínio entre o santo e os fiéis que o invocam. Só uma intercessão geral, permanente, *a priori*.

Santo Tomás de Aquino, ao contrário, acreditava que os santos têm conhecimento objetivo de nossos pedidos, ressalvando que a onisciência é um atributo exclusivo de Deus:

> *Como cada um conhece o que se refere a si, os santos devem conhecer o que se refere a eles — por conseguinte, as preces que lhes são dirigidas. Aliás, em razão de sua relação com a essência divina, eles conhecem bastante os outros seres para saber o que convém à felicidade de cada um. Portanto, devem ter conhecimento das preces destinadas a eles.*

A palavra santo (*kadosh* em hebraico, *hágios* em grego e *sanctus* em latim) significava, a princípio, puro, perfeito, e nada mais. Com o advento do cristianismo, o termo ganhou novas acepções. São Paulo, por exemplo, em suas epístolas, designa como santos, coletivamente, todos os cristãos batizados, tanto os de Roma como os de Jerusalém.

Toda vez que recitam o Credo, oração que resume as verdades da fé, os fiéis dizem em voz alta que acreditam entre outras coisas "na comunhão dos santos". Ela consiste, segundo os teólogos, numa união de bens e de pessoas baseada na ligação entre todos os cristãos batizados, tanto os vivos como os mortos, na qualidade de membros da Igreja. Daí serem chamados genericamente de *santos* todos os que participam do reino de Deus: os fiéis da Terra, as almas do purgatório e os santos do céu propriamente ditos.

Antes de definir o que é a comunhão dos santos, o *Catecismo da Doutrina Cristã*, publicado em Roma no pontificado de João Paulo II, cita a epístola de São Policarpo que diz:

> *Nós adoramos o Cristo como Filho de Deus. Quanto aos mártires, nós os amamos como discípulos e imitadores do Senhor e, o que é justo, por sua incomparável devoção ao Mestre. Possamos nós também ser companheiros e condiscípulos deles.*

São Policarpo foi bispo de Esmirna, na Ásia Menor, onde hoje fica Izmir, na Turquia. Dizem os historiadores do cristianismo que, no primeiro aniversário de sua morte, os cristãos da cidade se reuniram, em seu túmulo, para uma missa em que esse martírio foi comemorado "com júbilo e alegria". Era uma ocasião de festa, não de luto ou tristeza.

Nascido no século I, ele assistiu à transição entre a era dos apóstolos e a dos apologistas. Ficou conhecido como o discípulo de São João Evangelista. A homenagem póstuma que a diocese de Esmirna lhe concedeu, no dia 25 de fevereiro de 168, é o exemplo mais antigo de culto prestado a um mártir pelas primeiras comunidades cristãs.

Até então, para merecer a honra dos altares, não bastava uma vida de absoluta santidade. Era indispensável ter sofrido martírio de sangue. Só os mártires tinham direito à veneração pública. Raciocinava-se que, se o primeiro mártir havia sido o próprio Redentor, os que sofreram o martírio depois de Cristo continuavam a tarefa da redenção.

O culto prestado aos mártires surgiu em volta dos próprios túmulos, nas cidades onde eles viveram. Baseava-se na crença de que, tendo derramado o sangue por Cristo, o mártir estava no céu e, portanto, habilitado a interceder pelos que o invocassem nas orações. Era o dogma da comunhão dos santos posto em prática, antes mesmo de entrar para o Credo.

No caso de São Policarpo, que deu início à tradição, os cristãos de Esmirna escreveram uma carta às comunidades amigas, narrando seu martírio. Diziam eles que seus ossos calcinados, recolhidos nas cinzas da fogueira, tinham "mais valor do que o ouro ou as pedras mais preciosas". É o primeiro relato autêntico, de que se tem notícia, sobre os últimos dias de um mártir.

Foi nessa época que a palavra mártir, significando testemunha, começou a ser usada para designar os cristãos perseguidos e mortos pela fé. Da mesma maneira que os apóstolos haviam testemunhado a ressurreição, os mártires derramaram seu sangue por amor a Cristo, dando testemunho de fidelidade a Deus. Como sinal de devoção, peregrinos vinham rezar em seus túmulos, erguiam-se igrejas com seus nomes e esses nomes eram dados às crianças no batismo.

O culto adotado por uma comunidade transmitia-se de geração em geração. Santo Irineu, por exemplo, que foi discípulo de São Policarpo, deixou uma carta recordando o mestre: "Ah, eu posso mostrar o lugar em que ele costumava sentar-se e pregar. Ainda me lembro da santidade de sua postura, da majestade de seu rosto e dos ensinamentos que nos transmitia. Parece-me ainda que estou ouvindo quando Policarpo nos contava que conversou com São João e com muitos outros que viram Jesus Cristo, repetindo as palavras que ouviu dos apóstolos."

Tal como São Policarpo, os Quatorze Santos Protetores, cuja história vamos conhecer, viveram no tempo das perseguições contra a Igreja. São Cristóvão, Santo Erasmo, São Guido, São Jorge e Santa Margarida foram vítimas da perseguição de Diocleciano (284-305). Santa Bárbara e Santa Catarina derramaram o sangue no reinado de Maximínio Daia (305-313). Santo Acácio e São Ciríaco no de Maximiano (306-308). São Dinis no de Décio (249-251). Santo Eustáquio no de Adriano (117-138) e São Pantaleão no de Galério (305-311).

Com o fim das grandes perseguições, autorizado o culto cristão no Império Romano, foi preciso aceitar outras formas de santidade. Admitiu-se, então, em meados do século IV, que uma vida cristã comum, vivida no amor e na dedicação total a Deus, é por si só uma espécie de martírio, isto é, de testemunho. As honras póstumas prestadas aos mártires foram estendidas, por analogia, aos monges, aos bispos e às virgens cristãs. Os que chegavam aos altares dessa forma, sem derramar o sangue, recebiam o título de confessores da fé. Confessor é o equivalente, em latim, da palavra mártir, de origem grega.

Cada comunidade se orgulhava de seus próprios santos, que eram venerados no âmbito local. Com a dispersão das relíquias, o culto começou a se difundir. A cidade que recebia alguns ossos do santo de outra cidade incluía o nome dele no calendário local, passando a comemorar também, a cada ano, a nova festa no respectivo dia, isto é, no aniversário da morte.

Não havia ainda a canonização universal. Eram os bispos que proclamavam seus santos, por iniciativa própria, ao autorizar festas religiosas nas respectivas dioceses, em honra de determinados mortos. Grandes santos, como Santo Antão, foram canonizados assim.

Canonizar significa, na linguagem da Igreja, inserir o nome de alguém numa lista ou cânon — lista que, no caso, vem a ser o Martirológio Romano ou catálogo oficial dos santos, cuja última edição saiu em 2001.

O primeiro santo proclamado no âmbito universal teria sido Santo Ulrico, bispo de Augsburgo, na Alemanha, que mereceu as honras dos altares em 993, no pontificado de João XV. Passou-se, porém, algum tempo até que a proclamação oficial de santidade se tornasse uma prerrogativa papal. Em 1234, foi decretado por Gregório IX que *sine papae licentia non licet aliquem venerari pro sancto.* Só o papa, a partir de então, teria competência oficial para canonizar os santos da Igreja.

Como reação à Reforma Protestante, que lançou dúvidas sobre as canonizações do Vaticano, era inevitável que se burocratizasse a santidade a fim de evitar fraudes, mas o processo formal de investigação dos candidatos, tendo a beatificação como etapa, só começou a ser praticado no tempo de Urbano VIII. O primeiro santo formalmente beatificado, em Roma, foi São Francisco de Sales, em 1622. Desde 1588, havia a Congregação dos Ritos, com a incumbência de verificar a autenticidade das provas nos processos. Dela desmembrou-se, por decisão de João Paulo II, em 1983, a Congregação das Causas dos Santos.

Para proclamar um santo, a Igreja Católica exige, hoje, dois tipos de prova. Em primeiro lugar, virtudes indiscutíveis na biografia do candidato. Como segundo requisito, milagres atribuídos a ele depois da morte. As virtudes são exigidas "em grau heróico" — virtudes teologais (fé, esperança e caridade) e virtudes cardeais (prudência, justiça, força e temperança). Quanto aos milagres, bastam dois: um para a beatificação e outro para a canonização.

Toda vez que um processo chega a termo, depois de analisadas as provas e contraprovas, o papa anuncia solenemente o novo santo, repetindo uma antiga fórmula em que está pressuposta a sua infalibilidade:

> *Como tributo à Santíssima Trindade, para a exaltação da fé, a fim de incentivar a vida cristã, e com a autoridade de Nosso Senhor Jesus Cristo, dos santos apóstolos São Pedro e São Paulo, e com a nossa autoridade, depois de haver invocado repetidamente a ajuda divina e de haver escutado o parecer de numerosos*

irmãos nossos no episcopado, declaramos e definimos como santo o beato X, incluímos seu nome na lista dos santos e determinamos que seja honrado como santo em toda a Igreja.

Das primeiras canonizações até hoje, o número de santos proclamados oficialmente pela Santa Sé não chega a oitocentos e o de beatos apenas passou de 2 mil, sendo que mais da metade deles devem essa honra ao papa João Paulo II. São poucos, sim, mas a lista dos bem-aventurados só tende a aumentar, já que 2 mil processos estão em andamento.

Existem, portanto, muito mais santos no céu do que nos registros da Igreja. Costuma-se dizer, por isso, que os santos canonizados são como as estrelas visíveis do céu, cuja quantidade é ínfima em relação a miríades de astros de primeira grandeza espalhados mundo afora no espaço sem fim.

O dicionário mais completo no gênero, a *Biblioteca Sanctorum*, em dezoito grossos volumes, reúne em seus verbetes cerca de dez mil santos, beatos e bem-aventurados, mas a última edição do Martirológio Romano, em 2001, só traz 6.538 nomes — quase nada se comparados aos 144 mil que São João contou no céu do Apocalipse, sem incluir "a imensa multidão, impossível de contar, de todas as nações, tribos, povos e línguas".

Os santos a que a Igreja rende culto solene nos altares não passam de meros representantes dos que não chegaram lá. Foram coroados na Terra em nome de todos os que viveram santidade semelhante, mas que, ignorados pelos homens, se contentam em ser conhecidos de Deus. A esses milhões de anônimos admiráveis, com que a cristandade conviveu sem saber, é dedicada num dia do ano a festa de Todos os Santos.

O novo calendário litúrgico, adotado no Missal Romano de 1969, depois do Concílio Vaticano II, só reservava à Igreja universal um número reduzido de comemorações oficiais, cerca de 180, divididas em quatro classes: *solenidades* (as festas litúrgicas mais solenes), *festas* (os santos mais notórios, como os apóstolos e os grandes mártires), *memória obrigatória* (os santos de alcance universal, festejados em toda a Igreja) e *memória facultativa* (os santos comemorados apenas em alguns países, regiões e dioceses).

Mais de quarenta nomes — entre os quais alguns muito populares — foram retirados do calendário geral por Paulo VI nessa ocasião. Apesar disso, ao contrário do que se costuma dizer, não houve cassações. Tanto que não é proibido venerá-los. Eles continuam citados no Martirológio Romano, que é o catálogo oficial. Saíram apenas dos missais porque, segundo a Santa Sé, não se pode afirmar que tais santos existiram em determinada época ou local e não se conseguiu até agora estabelecer com certeza os fundamentos históricos da tradição em que se baseia o culto.

Entre os nossos intercessores com assento oficial no céu, alguns privilegiados fazem jus ao título específico de patrono, padroeiro ou protetor. Dá-se esse nome, na linguagem litúrgica, ao "santo ou santa que, por antiga tradição ou por legítima eleição, é venerado com culto particular pelo clero e o povo de um lugar, como especial advogado junto a Deus".

Os primeiros mártires chegaram aos altares como "exemplos de vida a serem seguidos". A partir da época merovíngia,[1] porém, seu culto assumiu um aspecto utilitário, quando passaram a ser invocados mais pelo poder de cura, atribuído a eles, do que por suas virtudes.

Sob essa influência, por volta do século XIII, os patronos, padroeiros e protetores, a que os fiéis mais recorriam nas adversidades, foram reunidos pelo povo numa mesma devoção, sendo venerados juntos e representados uns com os outros nos altares. Surgiu assim, na Europa, envolto em lendas e aparições, o grupo dos chamados Quatorze Santos Protetores.

A especialidade de cada um desses taumaturgos, no conjunto, tem sido testada, desde a Idade Média, pelos que recorrem coletivamente a

[1] Chama-se época merovíngia o período referente à primeira dinastia francesa, fundada pelo rei Meroveu. Ela começa em 481 e termina em 741, com a ascensão de Carlos Magno, que dá início à época carolíngia.

eles: Santo Acácio contra as dores de cabeça, Santa Bárbara para baixar a febre, São Brás nos males da garganta, Santa Catarina contra a morte súbita, São Ciríaco em caso de depressão, São Cristóvão para evitar acidentes, São Dinis contra enxaquecas, Santo Erasmo nas cólicas intestinais, Santo Eustáquio em situações de desespero, São Gil contra o medo, São Guido nas crises de epilepsia, São Jorge para doenças da pele, Santa Margarida em favor dos rins e São Pantaleão a serviço dos pulmões.

Agrupados dessa maneira, eles oferecem, segundo os devotos, um coquetel de remédios capaz de assegurar, em qualquer circunstância, tanto a saúde do corpo como a da alma. A popularidade do grupo, ao longo dos séculos, baseia-se no desejo irresistível de prevenir todos os males, a partir de uma única prece, diante de um só altar.

COMO SURGIU A DEVOÇÃO

Naquele dia, antes de escurecer, quando o pastor Herman Leicht reuniu as ovelhas, como de costume, para retornar ao estábulo, ouviu um inesperado choro de criança perto de onde apascentava o rebanho. Deviam ser mais ou menos seis da tarde, hora em que às vezes alguns lobos desciam a colina para atacar os cordeiros.

Ele olhou em volta, sem entender o que se passava. Só então viu um menininho sentado no chão, à sombra de uma árvore, no meio do pasto. Assustado, aproximou-se do garoto, que parou de chorar e sorriu para ele. Quando se debruçou, porém, para pegá-lo, não viu mais nada. O garoto havia desaparecido como uma ilusão.

Era uma sexta-feira, 24 de setembro de 1444. Meio século antes da descoberta do Brasil, estava começando na Europa mais um outono. Fazia cem anos que a peste negra tinha ido embora, depois de dizimar metade da população européia.

Herman Leicht, um adolescente alemão, que trabalhava desde pequeno para a abadia cisterciense de Langheim, a cinco quilômetros de Staffelstein, na diocese de Bamberg, na Baviera, retomou o caminho do curral, tocando as ovelhas, como se nada tivesse acontecido.

Mal deu alguns passos, ao olhar para trás, viu no chão o mesmo bebê, cercado de velas acesas. Com medo, assobiou para chamar seu cão. A criança lhe sorriu pela segunda vez, brilhava à luz do sol poente, como se fosse de cristal luminoso, mas de novo sumiu quando o rapaz chegou mais perto.

Guardadas as ovelhas na fazenda do mosteiro, o jovem pastor voltou para casa, preocupado com a aparição. Na dúvida, contou à família, no jantar, o que tinha visto ao entardecer. Seu pai, Upillion, que também pastoreava o gado, não levou o episódio a sério, supondo que fosse ilusão dos sentidos. Para evitar rumores na aldeia, pediu que o filho não repetisse a ninguém aquela estranha história.

No dia seguinte, pela manhã, Herman não se conteve. Apesar da recomendação paterna, conversou a respeito do mistério com um dos monges. O religioso aconselhou que, no caso de nova aparição, conjurasse o fantasma com o sinal-da-cruz e indagasse o que por ventura desejava.

A criança misteriosa só foi vista de novo no ano seguinte, em 28 de junho de 1445, véspera da festa de São Pedro e São Paulo, no instante em que o rapaz voltava à fazenda com suas ovelhas. O sol se escondia atrás das colinas, como na primeira aparição, quando Herman avistou o mesmo garoto, sentado no chão, sem camisa, resplandecente.

Desta vez a criança recém-nascida não apareceu sozinha. Quatorze meninos, vestidos de vermelho e branco, estavam reunidos a seu redor, todos de pé, em atitude de adoração. Envolto numa aura luminosa, o bebê tinha uma cruz vermelha no peito.

Ao se lembrar do conselho que o monge tinha dado no ano anterior, o adolescente perguntou com voz firme: "Em nome do Pai, do Filho e do Espírito Santo, quem são vocês e o que desejam de mim?"

A resposta deles veio de pronto: "Nós somos os Quatorze Santos Protetores e pedimos que seja construída, aqui, uma capela. É neste lugar que desejamos permanecer em paz. Se você for o nosso mensageiro, nós o cumularemos de graças." Dito isto, o grupo de crianças desaparececeu de sua vista como uma nuvem que se desfaz.

No domingo seguinte, dia 2 de julho, recolhidas as ovelhas no pasto, Herman viu duas velas acesas descerem das nuvens e ficarem por alguns minutos no local das aparições. Uma mulher que passava ali por acaso estranhou aquelas luzes, mas elas voltaram ao céu, antes de se apagar.

Desta vez, o próprio Upillion relatou em Langheim a visão que o filho Herman tivera dos Quatorze Santos adorando o Menino Jesus. Ninguém, entretanto, deu crédito à história no mosteiro. Os monges acharam que um espírito maligno poderia ter provocado a assombração. Se esse prodígio tivesse origem celeste, Deus haveria de se manifestar, segundo eles, mais cedo ou mais tarde, mediante algum sinal.

Foi o que aconteceu, 18 dias depois, quando uma empregada do convento que pastoreava seu rebanho no campo, junto a um dos portões, desmaiou de repente, caindo no chão, sem sentidos. Passou-se mais de uma hora. Como ela não recobrava a consciência, um dos monges teve a idéia de levá-la numa padiola até o local em que, segundo Herman Leicht, os Quatorze Santos teriam aparecido. Chegando lá, bastou invocá-los e a moça desmaiada levantou-se, cheia de saúde, como se nada tivesse acontecido.

Com o passar dos meses, sucessivas graças eram obtidas pelas pessoas que rezavam ali. Os monges de Langheim fincaram uma cruz de madeira naquele lugar, que ganhou o nome de Vierzehnheiligen ou Quatorze Santos. Até que, dois anos mais tarde, vencendo sua própria resistência, o abade do mosteiro, Frederick Hengenlein, concordou em edificar uma capela, como tinha sido solicitado pelos próprios santos.

Em 1621, quando foi publicada a primeira história das aparições, por iniciativa da abadia, a introdução recordava como tudo começou:

> *No ano de Nosso Senhor de 1444, cerca de 313 anos depois da fundação do mosteiro cisterciense de Langheim, na tarde da sexta-feira de jejum da semana seguinte à festa da Santa Cruz, no outono, aconteceu que Herman Leicht, filho do pastor da fazenda, reunia as ovelhas do rebanho, quando...*

Os titulares e os substitutos

Dá-se este nome, Quatorze Santos Protetores ou Auxiliares, a um grupo de santos — em ordem alfabética, Acácio, Bárbara, Brás, Catarina, Ciríaco, Cristóvão, Dinis, Erasmo, Eustáquio, Gil, Guido, Jorge, Margarida e Pantaleão — que são invocados juntos, desde a Idade Média, para curar doenças, evitar desgraças e garantir tranqüilidade na hora da morte. Por influência grega, eles recebem a denominação alternativa de Quatorze Santos Apotropaicos ou Apotropeanos, isto é, dotados de poderes especiais para afastar as forças malignas. *Die Vierzehn Nothelfer*, diz-se em alemão, desde que surgiu o grupo. Ao pé da letra são nossos Quatorze Auxiliadores em caso de necessidade.[2]

Todos eles sofreram o martírio, no início da Era Cristã, à exceção de São Gil, abade. Por esse motivo são também conhecidos como os Quatorze Mártires Sagrados. Quase todos morreram nas duas primeiras décadas do século IV, sob os reinados de Maximiano, Diocleciano, Maximínio e Galério — menos Santo Eustáquio, que é do século II, tendo sido vítima do imperador Adriano, e São Gil, que viveu muito depois, no século VIII, já na Idade Média.

Nove eram nascidos no Oriente. Apenas São Ciríaco e Santo Eustáquio, romanos, São Guido, siciliano, e mais São Dinis e São Gil, que vieram da Grécia para a França, pertencem à categoria dos santos ocidentais.

Seis deles foram mortos em cidades situadas onde agora é a Turquia: dois em Nicomédia, hoje Izmit (Bárbara e Pantaleão), um em Antioquia da Síria, hoje Antakya (Cristóvão), um em Antioquia da Pisídia, hoje Yalvaç (Margarida), um em Bizâncio, hoje Istambul (Acácio) e um em Sebaste, hoje Sivas (Brás). Três são mártires romanos (Ciríaco, Eustáquio

---

[2] *Les Quatorze Aides en cas de bésoin*, em francês. *The Fourteen Helpers in distress*, em inglês. *Los Quatorze Ayudadores en la necesidad*, em espanhol. *I Quattordici Ausiliatori nel bisogno*, em italiano. *Quatuordecim Auxiliatores, Adiutores, Adiuvantes* ou *Intercessores* são chamados em latim.

e Guido). Dois morreram na França (Dinis e Gil). Sobram Catarina, enterrada no Egito, Erasmo, na Itália, e Jorge, cujo martírio teria sido na Palestina.

Identificam-se três subgrupos no conjunto: quatro soldados (Acácio, Cristóvão, Eustáquio e Jorge), três virgens (Bárbara, Catarina e Margarida), três bispos (Brás, Dinis e Erasmo) e dois médicos (Brás e Pantaleão). Os outros são um abade (Gil), um diácono (Ciríaco) e um adolescente (Guido).

Todos estão inscritos, com suas respectivas datas, ao longo do ano litúrgico, no Martirológio Romano, que é o catálogo oficial dos santos:

3 de fevereiro — São Brás
23 de abril — São Jorge
8 de maio — Santo Acácio
15 de junho — São Guido (ou Vito)
2 de julho — Santo Erasmo
20 de julho — Santa Margarida
25 de julho — São Cristóvão
27 de julho — São Pantaleão
8 de agosto — São Ciríaco
1º de setembro — São Gil (ou Egídio)
20 de setembro — Santo Eustáquio
9 de outubro — São Dinis (ou Dionísio)
25 de novembro — Santa Catarina
4 de dezembro — Santa Bárbara

Na França o grupo tem, hoje, 15 titulares, com a adoção de uma protetora extra: Nossa Senhora, Rainha dos Mártires. Em algumas paróquias e dioceses da Alemanha, em vez da Virgem Maria, incorpora-se um décimo quinto santo permanente: São Magno de Füssen (6 de setembro) ou São Quirino de Roma (30 de março). Na Itália, em lugar de São Magno de Füssen, entra seu homônimo italiano: São Magno de Altino, bispo de Oderzo (6 de outubro). Na Áustria, Santo Osvaldo (5 de agosto) é o protetor acrescentado. Na região do Tirol, junta-se São Leonardo de Noblac (6 de novembro).

Noutras zonas da Europa, embora eles continuem sendo 14, um ou outro titular pode ser substituído localmente por um protetor alternativo: Santo Antão (17 de janeiro), Santa Dorotéia (6 de fevereiro), São Nicolau (6 de dezembro), São Roque (16 de agosto), São Sebastião (20 de janeiro) ou mesmo Santo Osvaldo, já citado como décimo quinto na Áustria.

Antão, Osvaldo, Roque e Sebastião são invocados contra epidemias e doenças contagiosas. Leonardo e Nicolau evitam roubos e assaltos. Os dois Magnos protegem dos raios nas tempestades. Dorotéia cura dores de cabeça e Quirino afasta doenças do pescoço e da garganta.

Com a reforma no calendário da Igreja, efetuada em 1969, que reduziu à metade o número de festas oficiais no ano litúrgico, muitos deles perderam a missa anual, a que tinham direito, no seu dia. Entre os 14 titulares, apenas São Brás, São Jorge, São Dinis e Santa Catarina fazem jus a comemoração especial, assim mesmo na categoria memória facultativa.

Na lista suplementar, Santo Antão é o único ainda comemorado a título de memória obrigatória, enquanto dois outros, São Sebastião e São Nicolau, têm celebração facultativa.

As origens do grupo

Apesar de terem vivido em lugares e épocas diferentes, todos os 14 ou quase todos têm em comum na biografia o detalhe de que, antes de morrer, rogaram a Deus que jamais deixasse de atender às orações dos que fizerem qualquer pedido em nome deles.

No caso de alguns, está indicada na lenda a graça especial que os devotos podem solicitar em situações de emergência. São Brás, por exemplo, quando ia ser decapitado, teria pedido a Deus pelos que recorrerem à sua intercessão contra doenças na garganta. De Santa Margarida, conta-se que prometeu um parto feliz às parturientes em perigo de vida que invocassem, no futuro, seu nome com devoção. E assim por diante.

O culto coletivo não começou com as aparições de 1444 e 1445. A devoção é anterior mesmo à peste negra, que dizimou a Europa entre 1346 e 1349. Quando o pastor Herman Leicht teve a visão dos Quatorze Santos, sob a forma de 14 crianças adorando o Menino Jesus, o grupo já era venerado no sul da Alemanha, desde o início do século anterior ou bem antes.

Dizem que, no mosteiro de Langheim, situado na diocese de Bamberg, havia relíquias de todos eles, menos das três mulheres, Santa Bárbara, Santa Catarina e Santa Margarida, sendo costume celebrar uma missa votiva "em honra dos santos cujos corpos ou relíquias são conservados nesta igreja".

Os vestígios mais antigos na Alemanha são um vitral de 1304 no coro da catedral de Regensburgo, um afresco de 1320 no convento dominicano da mesma cidade e um altar na igreja de São Pedro, em Munique, inaugurado em 28 de junho de 1346, quando a peste negra chegou à Baviera. Muito antes, porém, uma carta enviada pelo bispo Konrad von Passau à igreja de Krems, em 1284, já se referia a um altar dedicado aos Quatorze Santos no seu interior.

O surgimento da devoção, na segunda metade do século XIII, coincidiu com o lançamento de um livro muito lido na Idade Média, a *Legenda Áurea*, de Jacopo de Varazze ou Tiago de Voragine, bispo de Gênova, cujas primeiras cópias, em latim, começaram a circular entre 1253 e 1270. Dez membros do grupo — Brás, Catarina, Ciríaco, Cristóvão, Dinis, Eustáquio, Gil, Guido, Jorge e Margarida — mereceram capítulos nessa fantasiosa vida dos santos, o que contribuiu para a popularidade do conjunto.

Como e quando eles foram agrupados pelo povo? Não é possível determinar com exatidão a época e o lugar em que surgiu a devoção coletiva. Existe a hipótese de que tenha começado, sob influência oriental, nas colônias bizantinas da Sicília e da Calábria, na Itália. Daí a denominação grega Quatorze Santos Apotropaicos ou Apotropeanos. Predomina, no entanto, entre os historiadores católicos, a opinião de que foram reunidos, por acaso, na Baviera, às vésperas do século XIV.

Considerando-se os motivos pelos quais cada um deles é invocado, imagina-se que o agrupamento se deu, por inspiração popular, sob o impacto de alguma epidemia e em função dos sintomas dessa enfermidade. No caso da peste bubônica, que era recorrente na Idade Média, as pessoas infectadas apresentavam, nas primeiras horas, língua escura, garganta ressequida e, depois, uma dor de cabeça insuportável, acompanhada de febre alta e cólicas. Logo ficavam inconscientes, morrendo em dois ou três dias. Tudo tão rápido que não dava tempo de o moribundo receber os últimos sacramentos.

Ora, desde os tempos antigos, São Cristóvão e São Jorge eram invocados contra a peste em geral. São Dinis, contra as dores de cabeça. São Brás, contra as dores de garganta. Santa Catarina, contra os males da língua. Santo Erasmo, contra as infecções abdominais. Santa Bárbara, contra a febre alta. São Guido, na perda dos sentidos. São Pantaleão, contra a fraqueza generalizada. São Ciríaco, para afastar as tentações. Santo Acácio, como proteção na última agonia. Santa Bárbara e Santa Catarina, contra a morte súbita, para a qual não se está preparado. Nessas circunstâncias, São Gil servia de ajuda na confissão dos pecados, enquanto Santo Eustáquio era, segundo os devotos, o único recurso nas situações de desespero. Juntos nesse esquadrão, eles tinham condições de combater a doença terrível em todos os seus sintomas e manifestações.

Seu agrupamento, no contexto medieval, coincidiu com uma tendência nova no culto dos santos: a especialização nas devoções. Os santos eram, até então, nossos intercessores para todos os males. Na Idade Média, porém, os fiéis passaram a acreditar que eles funcionam de preferência nas áreas de atuação que lhes são designadas com base em seus antecedentes. Cada santo exerce, agora, uma incumbência especial, relacionada a aspectos da sua lenda e do martírio. A tarefa delegada pelos devotos e mais tarde oficializada pelos bispos pressupõe poderes concedidos por Deus para afastar certos perigos, curar doenças específicas ou patrocinar determinados ofícios.

O patrocínio é às vezes cumulativo. São Jorge, por exemplo, tanto protege contra mordidas de cobra como cura as doenças da pele, enquanto Santa Catarina, especialista em doenças da língua, também evita a incontinência urinária das crianças. Um deles, sozinho, São Guido, era requisitado na Idade Média em mais de trinta situações diferentes.

A CAMINHO DO SANTUÁRIO

Em meados do século XV, quando os Quatorze Santos Protetores apareceram em Langheim, a devoção já era popular nas dioceses de Regensburgo, Bamberg, Nuremberg, Wursburg e Munique. Antes de concluída a igreja de Vierzehnheiligen, que só ficou pronta em 1457, na década seguinte às aparições, começaram as romarias. Vinha gente de longe, a pé ou a cavalo, para fazer votos ou pagar promessa: peregrinos de toda a Alemanha e também dos cantões suíços, da Alsácia e da Lorena, na França, do Tirol, na Áustria, até do Alto Adige, na Itália.

Em 1448, o altar-mor da nova igreja foi consagrado pelo bispo de Bamberg, Anton von Rotenau, sob cuja jurisdição estava a abadia cisterciense. Um ano depois, a pedido do abade Frederick Hangenlein, o papa Nicolau V concedeu indulgência plenária aos peregrinos. Uma missa aos Quatorze Santos Auxiliares, para obter alguma graça particular ou para se livrar de certos perigos ou de qualquer mal, passou a figurar em alguns missais, com a seguinte oração:

> *Deus todo poderoso e misericordioso, que honrastes com privilégios especiais vossos eleitos Jorge, Brás, Erasmo, Pantaleão, Guido, Cristóvao, Dinis, Ciríaco, Acácio, Eustáquio, Gil, Margarida, Catarina e Bárbara, dignai-vos conceder a todos os que, em suas necessidades, implorarem o socorro desses santos, a graça de serem atendidos em vista da salvação eterna. Por Nosso Senhor Jesus Cristo, vosso Filho, que convosco vive e reina na unidade do Espírito Santo. Amém.*

Atraídos pelas indulgências e na esperança de milagres, dois imperadores alemães foram a Vierzehnheiligen em romaria, na segunda metade do século XV: Frederico II visitou a igreja, em 1485, para pagar uma promessa, e Fernando I, seu sucessor, ofereceu aos Quatorze Santos a cruz peitoral que usava desde a coroação. Seguindo o exemplo deles, outros dignitários da época fizeram, sozinhos ou acompanhados, o caminho do santuário.

Em 1486, a missa dos Quatorze Santos, autorizada por Nicolau V, foi incluída no missal da ordem cisterciense. Em 1507, no missal da diocese de Bamberg. Em 1512, no de Paris. Por volta de 1550, ela figurava nos missais das grandes dioceses européias. Data dessa época o mais famoso retrato do grupo. Ele foi pintado, em 1503, por Matias Grunewald, para um altar do mosteiro de Bindlach, perto de Bayreuth, na Alemanha.

Na segunda metade do século XVI, com a Reforma Protestante, o culto dos santos passou a ser combatido por luteranos e calvinistas. O próprio Concílio de Trento, na Contra-Reforma, desestimulou os excessos. Apesar disso, as peregrinações continuavam.

Uma estatística feita em Vierzehnheiligen, entre os anos de 1446 e 1515, registrou 82 graças alcançadas. De 1597 a 1623, o número caiu para apenas 18, mas voltou a subir no período 1655-1683, quando 479 curas foram comprovadas. Esses devotos agradeciam aos Quatorze Santos Protetores por haverem escapado a doenças graves e a perigo de morte ou de prisões. Desde o início, os donativos dos peregrinos eram revertidos para a abadia cisterciense de Langheim, que repassava para a diocese de Bamberg um terço da arrecadação.

Durante a Guerra dos Camponeses, em 1525, revoltados contra a riqueza dos monges, os protestantes de Staffelstein, a cidade vizinha, atacaram com paus e pedras a abadia, cujo santuário foi destruído. Reedificado como igreja-fortaleza em 1543, Vierzehnheiligen voltou a ser, no século XVI, um grande centro de peregrinações.

Durante o pontificado de Urbano V, na revisão do Missal Romano, autorizada por ele em 1634, foram suprimidos todos os missais particulares das dioceses ou ordens religiosas. No espírito da Contra-Reforma, a Congregação dos Ritos, em Roma, substituiu a *Missa de XIV Adiutoribus pro quicumque necessitate dicenda* pela *Missa de communi plurimorum martyrum.* Em lugar da missa dos Quatorze Santos, passou a ser celebrada, em caso de necessidade, uma missa genérica englobando todos os mártires.

Com o ressurgimento do culto em meados do século XVIII, a velha igreja, danificada durante a Guerra dos Trinta Anos, já não comportava o volume cada vez maior de peregrinos. À frente do mosteiro de Langheim estava um jovem e dinâmico abade, Stephan Mösinger, que sonhava com a reconstrução do santuário. Ele e o príncipe-bispo de Bamberg, Frederich Karl von Schönborn, chegaram a um acordo, em 1741, para levantar a atual basílica, que seria um templo monumental, com duas torres majestosas, em estilo barroco.

A autoria do projeto coube ao principal arquiteto da época, Balthazar Neumann. Lançada a pedra fundamental, a construção teve início em 1743, no dia de São Jorge, 23 de abril. O próprio Neumann assumiu a direção dos trabalhos até sua morte, em 1753. Foi uma obra longa, interrompida pela Guerra dos Sete Anos. Até que, três décadas depois, no dia

14 de setembro de 1772, em que se comemorava a festa da Santa Cruz, um novo bispo de Bamberg, Adam Frederich von Seisenheim, pôde inaugurar a basílica de Vierzehnheiligen, cujo altar das graças fica situado no local exato onde apareceram os Quatorze Santos.

Com a secularização do mosteiro de Langheim, expropriado pelo Estado em 1803, na esteira da Revolução Francesa, as peregrinações foram suspensas, sendo permitidas só muito depois, no reinado de Luís I, rei da Baviera. Normalizada a situação em 1839, os monges cistercienses não retornaram mais à abadia, que foi confiada à ordem dos franciscanos, sob cuja guarda se mantém até hoje.

No verão de 1835, uma tempestade devastadora causou um incêndio que destruiu o teto e as torres da basílica, mas sua cúpula resistiu ao fogo. As duas torres só foram reconstruídas entre 1893 e 1910. Duas restaurações efetuadas no século XX — uma durante a Primeira Guerra Mundial e a outra na década de 1990 — restituíram ao interior da igreja em estilo rococó seu esplendor original.

Em 1890, o papa Leão XIII instituiu uma festa litúrgica em honra dos Quatorze Santos Protetores, que seria celebrada no quarto domingo depois da Páscoa. Na Europa Central foi mantida, porém, a tradição de festejá-los em grupo no 8 de agosto, que é também o dia de São Ciríaco.

O ALTAR DAS GRAÇAS

Quinhentos e cinqüenta anos depois das aparições, os peregrinos que visitam, nos dias atuais, a basílica de Vierzehnheiligen[3] para pagar pro-

---

[3] A basílica fica a 240 quilômetros de Frankfurt, onde está o principal aeroporto da Alemanha. A viagem por trem, de Frankfurt a Lichtensfels, a estação ferroviária vizinha a Vierzehnheiligen, demora 2 horas e 37 minutos via Bamberg (Frankfurt-Wursburg, Wursburg-Bamberg, Bamberg-Lichtensfels) ou, então, 3 horas e 6 minutos via Nuremberg (Frankfurt-Nuremberg, Nuremberg-Lichtensfels).

messas ou fazer pedidos ainda se emocionam ao rezar no altar das graças, localizado no centro da nave, embaixo da abóbada principal.

Enquadrado na moldura, pode-se ver, através do vidro, um minúsculo pedaço do chão de terra que os Santos Protetores, segundo o relato de Herman Leicht, pisaram em 1445 sob a forma de 14 meninos.

Em cima da mesa está a lista com os nomes deles e a especialidade de cada um. O texto em alemão antigo começa com a invocação de Nossa Senhora, que é a santa medianeira por excelência:

A Virgem Maria, Mãe de Deus, ajuda em perigo de morte e nas tribulações.
São Brás é invocado nas doenças da garganta.
São Jorge protege contra as ameaças de guerra.
Santo Erasmo contra dores de estômago e intestinos.
São Guido alegra o coração das crianças.
São Pantaleão, patrono dos médicos, tem muita influência junto a Deus.
São Cristóvão protege nas tempestades e no mau tempo.
São Dinis corta logo as dores de cabeça.
São Ciríaco liberta os que estão possuídos pelo demônio.
Santo Acácio defende, na guerra, os soldados.
Santo Eustáquio afasta qualquer problema no casamento.
São Gil, confessor, nos faz descobrir os pecados secretos.
Santa Margarida evita as ciladas do demônio.
Santa Catarina auxilia os estudantes nos exames.
Santa Bárbara providencia, a tempo, os últimos sacramentos.

Em volta do altar, em imagens de estuque branco, estão eles, em atitudes variadas, alguns sentados, outros em pé. Nos pedestais, os três bispos: Santo Erasmo com o instrumento do seu martírio, um molinete; São Brás com duas velas entrecruzadas; e São Dinis, que, decapitado, segura nas mãos a própria cabeça. Em seguida, o diácono, São Ciríaco, com o diabo acorrentado a seus pés, sob a forma de um dragão.

As imagens sentadas, um pouco menores, são de Santo Eustáquio, o caçador, com o arco no ombro, segurando um veado; São Gil, confessor, com uma corça ao lado; o gigante São Cristovão, com o Menino Jesus nas costas; e o soldado Santo Acácio, com a coroa de espinhos na cabeça, empunhando a cruz do martírio.

Em cima de um baldaquim vêem-se o cavaleiro São Jorge, subjugando o dragão; São Guido, acompanhado do galo, que simboliza a vigilância; e o médico São Pantaleão com as mãos pregadas acima da cabeça. Também no altar, as três mulheres: Santa Bárbara, com sua torre e um cálice; Santa Catarina, com a espada e uma roda quebrada; e Santa Margarida, esmagando o demônio sob a forma de um dragão.

No alto, dominando o baldaquim, aparece cercado de raios dourados, em pé sobre o globo terrestre, o Menino Jesus recém-nascido, com a cruz vermelha no peito, tal como foi visto pelo jovem pastor Herman Leicht no ano de 1445.

8 de maio
SANTO ACÁCIO
contra dores de cabeça

Quando Bizâncio, cidade rival de Roma, passou a ser a capital do Império Romano do Oriente, em meados do século IV, com o nome de Constantinopla, Santo Acácio foi escolhido como padroeiro principal por ter sido o primeiro cristão a sofrer o martírio junto de suas muralhas.

Quinhentos anos mais tarde, entre 717 e 843, desencadeou-se no Oriente cristão um surto de vandalismo. O patriarca de Constantinopla, chefe da Igreja Oriental, aderiu ao movimento iconoclasta, que condenava o uso das imagens como uma forma de idolatria. Por toda parte, os cristãos do rito ortodoxo saqueavam igrejas, destruíam os ícones e profanavam as relíquias sagradas.

Deu-se, então, um milagre de Santo Acácio. Seus restos mortais sumiram, sem que ninguém visse, da basílica que o imperador Constantino havia construído para abrigá-los em Constantinopla. Transportado por uma onda gigante, o caixão com os ossos dele apareceu, algum tempo depois, do outro lado do mar, numa praia de Esquilace, perto de Regio Calábria, na Itália. Suas relíquias estão guardadas, até hoje, na catedral de Santo Acácio, em Esquilace, sob a proteção dos católicos calabreses.

Santo Acácio de Bizâncio, centurião romano, tem esse nome porque morreu junto às muralhas de Bizâncio. Seu martírio aconteceu em um dia 8 de maio, provavelmente de 306, durante o reinado de Galério, imperador romano do Oriente.

Ele e São Múcio, presbítero, executado em 311, foram os únicos mártires de Bizâncio, cidade que se chamou mais tarde Constantinopla, em homenagem a Constantino, e que os turcos denominam, hoje, Istambul.

Descendente de gregos de religião cristã, Santo Acácio era natural da Capadócia, província romana da Ásia Menor, localizada no leste da atual Turquia, junto à fronteira da Armênia. Supõe-se que nasceu por volta de 270. Como centurião, tinha uma patente que equivaleria à de capitão na moderna hierarquia militar. O fato de ter sido promovido a oficial pressupõe que teve educação acima da média.

O jovem centurião servia em Perinto, na Trácia, chefiando uma companhia da Legião Márcia ou Regimento Martesiano, quando Galério baixou três decretos contra os cristãos. Um deles determinava que os militares prestassem culto aos deuses romanos, sob pena de serem expulsos do exército e condenados à morte.

Alguns cristãos renegaram a fé para escapar da pena capital. Ameaçado de morte, Acácio não se intimidou. Ao ser questionado pelo tribuno Flávio Firmo, seu chefe imediato, respondeu que pretendia viver e morrer na sua religião: "Por minha fé, estou pronto a sofrer qualquer suplício."

Consta da *Paixão* de Santo Acácio, escrita pelo grego Simeão Metafraste, a informação de que, ao entregar a cabeça ao carrasco, ele pediu que Deus protegesse com a saúde do corpo e da alma todos quantos recorrerem à sua intercessão em momentos de aflição.

Dos oito mártires com esse nome, inscritos no Martirológio Romano, Acácio de Bizâncio é o que pertence ao grupo dos Quatorze Santos Protetores. Santa Teresa d'Ávila, no século XVI, tinha por ele grande devoção, talvez pelo fato de haver relíquias de Santo Acácio na cidade de Ávila, na

Espanha, onde ela nasceu. Conta-se que o próprio santo apareceu no leito de morte da santa, para confortá-la, como protetor dos agonizantes.

Lendas

Acácio voltava de uma guerra contra os inimigos do Império Romano, na Ásia Menor, quando uma voz, no meio do caminho, lhe pediu que aderisse ao Deus dos cristãos. Ele não resistiu ao apelo do céu. Procurou, no dia seguinte, a igreja mais próxima, onde um sacerdote o batizou, depois de instruí-lo nas verdades cristãs.

O jovem centurião teria, porém, pouco tempo de liberdade para praticar a religião que abraçou. Por volta de 306, foi decretado o expurgo dos cristãos no exército romano. Quando Flávio Firmo, seu superior imediato, soube que ele era batizado, Acácio perdeu a patente de oficial.

Apesar da flagelação a que foi submetido, não renunciou às promessas do batismo. Estava previsto, nos novos decretos, que os soldados cristãos seriam condenados à morte, mas a decisão dependia de Bibiano, comandante do regimento, em Bizâncio, para onde foi encaminhado.

A viagem a pé, com escolta policial, durou sete dias. Quando a caravana acampou na estrada para o primeiro pernoite, Acácio parecia feliz com a perspectiva do martírio, apesar das correntes, das feridas, da fome e do cansaço. Antes de dormir, ele agradeceu a Deus por sofrer em seu nome. Como resposta, ouviu-se uma voz no céu que dizia: "Coragem, Acácio! Continue firme."

Os soldados da escolta assustaram-se com a voz celeste: "O que será? Como podem as nuvens falar?" Tocados pela graça, alguns presos que viajavam com ele pediram a Acácio que explicasse as verdades da fé. Ao longo do percurso, esses companheiros se converteram, um por um.

Quando o grupo chegou a Bizâncio, o general Bibiano perguntou ao oficial acorrentado como se chamava e de onde vinha. Ele respondeu em tom desafiador: "Meu nome é Cristão porque sou um seguidor de Cristo. As pessoas, no quartel, me chamavam Acácio. Nasci na Capadócia, onde vivem meus pais. Foi lá que me converti à fé cristã. Por Cristo estou disposto a derramar meu sangue a fim de merecer o céu."

Diante dessa confissão, o general desistiu de interrogá-lo e o entregou aos torturadores. Acácio sofreu torção dos pés e fratura dos maxilares. Arrancaram-lhe os dentes. Quatro estacas foram fincadas no chão para que o açoitassem nas costas e na barriga com nervos de boi. Estendido no chão, sem roupa, ele teve as mãos e os pés amarrados às estacas. Seis homens o espancaram, deixando seu corpo cheio de chagas.

De dia era torturado, mas à noite os anjos o socorriam no cárcere, dando-lhe de comer e limpando as chagas. Uma semana depois, quando o general mandou buscá-lo para o interrogatório formal, estranhou sua boa aparência e suspeitou que os carcereiros o tivessem protegido. Acácio os defendeu: "É a Nosso Senhor Jesus Cristo, a ele só, que devo minhas forças e minha saúde. Os anjos do céu me alimentaram e limparam minhas feridas."

Impaciente, Bibiano lhe disse para só falar se perguntado. Sem saber o que fazer, submeteu o prisioneiro ao governador da província, o procônsul Flacino, que ficou chocado ao constatar que um oficial do exército com o grau de centurião tinha sido torturado de maneira tão bárbara. A fim de abreviar suas dores, Flacino ordenou que o preso fosse decapitado, no dia seguinte, do outro lado do muro, em frente a uma das portas da cidade.

Embora tenha sido executado sozinho, alguns relatos dizem que sofreu o martírio com 17 ou 40 companheiros de regimento. Segundo outra versão, os mártires foram dez mil. O motivo desse exagero é que Santo Acácio de Bizâncio é confundido com dois outros Acácios: um dos Quarenta Mártires de Sebaste e Santo Acácio do Monte Ararat.

Este último era também oficial do exército romano e teria sido crucificado, no reinado de Adriano, quando chefiava dez mil homens enviados para sufocar uma insurreição ao norte do rio Eufrates. Ao serem feitos sacrifícios aos deuses romanos, antes da luta, um anjo apareceu aos soldados para dizer que aqueles ídolos de barro eram falsos. Segundo o anjo, a tropa só venceria o combate se invocasse o Deus dos cristãos. Dito isso, os dez mil soldados se ajoelharam, convertidos. Apesar de vencerem a batalha, foram todos punidos pelo comando romano com a condenação à morte no alto do Monte Ararat.

Devoção

Santo Acácio de Bizâncio pertence à lista de santos militares, ao lado de três membros do grupo — São Jorge, São Cristóvão e Santo Eustáquio. Quando Bizâncio se tornou cidade cristã, com o nome de Constantinopla, em meados do século IV, a comunidade local já o venerava há duas gerações.

Um santuário tinha sido construído em cima de sua sepultura, fora do perímetro urbano, no bairro de Estáurio. O templo era conhecido como a igreja da Nogueira pelo fato de abrigar, no pátio, a árvore em que, segundo a lenda, os soldados romanos o teriam pendurado para a flagelação.

Constantino, o Grande, em sinal de devoção, mandou edificar uma segunda igreja de Santo Acácio, bem maior, no bairro de Heptaskalon, de frente para o mar de Mármara. Para lá foram transferidos mais tarde os restos mortais do santo. O próprio Constantino teve, nesse local, seu túmulo provisório, antes de ficar pronta a igreja dos Santos Apóstolos.

O imperador Arcádio, que morreu em 408, freqüentava a igreja da Nogueira aos domingos, para assistir à missa. Conta-se que, num desses domingos, o edifício desabou, diante de muita gente, minutos depois de sua saída, sem que ninguém morresse, o que a multidão considerou um milagre de Santo Acácio. A igreja foi reconstruída mais tarde pelo imperador Basílio.

Conforme uma antiga tradição, registrada pelo cardeal Barônio por volta de 1585, o corpo de Santo Acácio, no seu esquife, atravessou o mar, levado por uma onda gigante, espécie de tsunâmi, para escapar à fúria dos iconoclastas de Constantinopla, no início do século IX, reaparecendo misteriosamente numa praia de Esquilace, na Calábria. A devoção espalhou-se no sul da Itália, antes mesmo das Cruzadas.

Um peregrino russo, o arcebispo Antônio de Novgorod, que visitou Constantinopla em 1200, às vésperas do saque ocorrido na IV Cruzada, conta no seu relato de viagem ter visitado uma igreja de Santo Acácio.

Ele só foi admitido no Martirológio Romano no pontificado de Gregório III (1572-1585). Sua popularidade, na Alemanha e na Suíça, durante a Idade Média, é atribuída à fama de curar dores de cabeça. Gilberto Freyre, autor de *Casa-Grande e Senzala*, lembra que Santo Acácio já era invocado, em Pernambuco, no século XVI, como remédio para esse tipo de dor.

Data

O dia de Santo Acácio, 8 de maio, está inscrito no Martirológio Romano com a seguinte menção: "Comemoração de Santo Acácio de Bizâncio, soldado e mártir." Na Calábria, é festejado na véspera, 7 de maio. Comemora-se também a data da chegada das relíquias à Itália, 16 de janeiro. Sua festa litúrgica não consta do Calendário Romano Geral. Não figurava antes da reforma litúrgica de 1969.

Etimologia

Acácio vem do grego *ákakos* ou *agathós*, termo que significa inocente, aquele que não tem maldade. *Ákakos* era o título do deus grego Hermes (Mercúrio para os romanos), designado na mitologia para proteger os homens. Em latim, Acathius ou Aghatius. Em francês, Acace. Em italiano, Agazio e Acazio. Em inglês e alemão, Achacius e Achatius. Em espanhol, Acato e Acacio.

Especialidade

Invocado contra as dores de cabeça e as doenças terminais; invocado em todas as aflições, sobretudo as da última agonia; contra o medo da morte; para obter a graça de uma morte tranqüila; para evitar perseguições; contra as ciladas do demônio.

Patrocínio

É patrono dos agonizantes, junto com Santa Bárbara e Santa Catarina. Patrono também dos soldados, com dois outros santos militares, São Jorge e São Maurício. Padroeiro de Istambul, na Turquia.

Relíquias

A catedral de Esquilace, na província italiana de Catanzaro, na Calábria, conserva desde o século X os ossos de Santo Acácio. Um braço foi levado, em 1548, para a matriz de Guardavale, cidade vizinha de Esquilace. Igrejas de Ávila e Cuenca, na Espanha, Colônia, na Alemanha, e Praga, na República Tcheca, também possuem relíquias.

Imagens

Representado com a armadura e o capacete dos centuriões romanos, tendo em uma mão o escudo e na outra o estandarte. Um ramo ou coroa de espinhos lembra a flagelação que sofreu.

Outros santos

Sete mártires, além dele, têm esse nome no Martirológio Romano: Santo Acácio do Monte Ararat, no dia 22 de junho; Santo Acácio de Sebaste, um dos Quarenta Mártires, no dia 10 de março; Santo Acácio de Antioquia, bispo, no dia 31 de março; Santo Acácio, bispo de Amida, na Mesopotâmia, hoje Diaberbekir, no Irã, no dia 9 de abril; Santo Acácio da Bitínia, no dia 28 de abril; Santo Acácio de Mileto, morto no reinado de Licínio, no dia 28 de julho; e Santo Acácio, sacerdote de Sebaste, vítima da perseguição de Diocleciano, no dia 27 de novembro.

Orações a Santo Acácio

Santo Acácio, corajoso herói e mártir de Nosso Senhor, que por vosso sofrimento e morte honrastes a cruz de Cristo diante do mundo inteiro, rogai por nós.

Oremos: Santo Acácio, permanecei a nosso lado quando chegar nossa última hora. Ao nos apresentarmos diante do eterno juiz, não nos abandoneis. Ajudai-nos na última batalha para obtermos a coroa da vitória. Por Jesus Cristo, Nosso Senhor, na unidade do Espírito Santo, amém.

Santo Acácio, corajoso defensor do nome de Jesus, intercedei por mim para que eu possa lutar sem medo, sob a bandeira de Cristo, a quem jurei fidelidade no batismo, e também para que possa, na minha última hora, entregar minha alma com filial devoção a meu Deus e redentor. Amém.

Santo Acácio, que sois grande intercessor na última agonia e padroeiro da boa morte, intercedei na hora da nossa morte, quando nossa alma, ao se dar conta de nossos pecados, terá medo de comparecer diante do divino juiz. Fazei com que, todos os dias, tenhamos consciência da inevitabilidade da morte e da incerteza de sua hora, a fim de que, a qualquer momento, estejamos preparados para ela, de modo que não nos surpreenda jamais. Que vosso grande amor pela cruz de Cristo nos ensine a renúncia, dando-nos a consolação nas perseguições e uma confiança inquebrantável em Nosso Senhor Jesus Cristo. Amém.

Ó Deus, que a vossos pastores associastes Santo Acácio, animado de ardente caridade e da fé que vence o mundo, dai-nos, por sua intercessão, perseverar na caridade e na fé, para participarmos de sua glória. Por Jesus Cristo Nosso Senhor, amém.

Concedei-nos, nós vos pedimos, Senhor, que, tendo em nossa vida comemorado alegremente Santo Acácio, possamos encontrar junto a ele, depois da morte, a alegria sem fim. Por Jesus Cristo, Nosso Senhor, na unidade do Espírito Santo, amém.

4 de dezembro
SANTA BÁRBARA
para baixar a febre

Cinqüenta anos antes do descobrimento do Brasil, vivia em Gorkum, na Holanda, um alemão chamado Heinrich Koch, que, certa noite, em 1448, foi surpreendido por um incêndio quando trabalhava, sozinho, depois do jantar. Cercado pelas chamas, ele estava a ponto de desfalecer, quando se lembrou de rezar a Santa Bárbara, de quem era devoto desde a juventude. Pediu-lhe a graça de não morrer sem os últimos sacramentos. A santa apareceu para confortá-lo, prometendo que Deus haveria de atendê-lo.

Apagou-se o fogo de repente. Apesar das queimaduras, pisando nas brasas, o homem atravessou a porta e conseguiu chegar à rua. Lá fora, na multidão, havia um padre para confessá-lo: o pároco da aldeia, Teodorico Pauli. Recebida a extrema-unção, Heinrich Koch pôde morrer em paz como desejava. O milagre de Gorkum, narrado por esse sacerdote em suas memórias, influiu para que a santa se tornasse, na Idade Média, a patrona da boa morte.

Tudo é mais ou menos lendário na história de Santa Bárbara, uma virgem cristã que morreu decapitada, em algum lugar da Ásia Menor, no

Império Romano, durante as perseguições aos cristãos entre os séculos III e IV. São tantas as divergências dos biógrafos a respeito dos principais episódios de sua vida que só três pontos escapam à discussão: o nome de batismo, sua origem oriental e o martírio que sofreu antes dos 20 anos.

Três cidades disputam a honra de ter sido o berço da santa: Nicomédia, capital da Bitínia, hoje Izmit, na Turquia asiática; Antioquia, capital da Pisídia, que ficava perto de onde hoje é Yalvaç, também na Turquia; e Heliópolis, no Egito, que não existe mais. Sem falar na versão, atualmente excluída, de que seria italiana, nascida na Toscana, na Sicília ou mesmo na Roma imperial. Apesar da controvérsia, predomina a opinião de que Santa Bárbara morreu em Nicomédia, o antigo porto no Mar de Mármara.

Há outras dúvidas ainda quanto à data da morte. Tanto pode ter sido no reinado de Maximínio Trácio (235-238) como no de Maximiano (286-305) ou no de Maximínio Daia (308-313).

Nas várias versões da mesma história, seu pai é descrito como um pagão fanático, muito rico, viúvo, que a encarcerou numa torre elevada, receando que a moça, conhecida pela beleza, fosse raptada por algum pretendente mais ousado ou tivesse contato com os cristãos. Precauções inúteis porque ela acabou sendo batizada, não se sabe como, no alto da torre. O tema inspirou a lenda de Rapunzel nos contos de fada.

Ao tomar conhecimento de sua conversão, o pai denunciou Bárbara ao governador da província, que a condenou à morte por não prestar culto aos ídolos romanos. Ele próprio se incumbiu de cumprir a sentença. Como castigo, foi fulminado por um raio, durante uma tempestade, depois de executá-la no alto de uma colina.

Apesar dos milagres e aparições de que se tem notícia ao longo dos séculos, a festa de Santa Bárbara foi retirada do calendário da Igreja, em 1969, no pontificado de Paulo VI, por não haver provas de que existiu.

Lendas

Embora Tiago de Voragine não tenha incluído a vida de Santa Bárbara em seu livro *Legenda Áurea*, publicado por volta de 1275, um capítulo a seu respeito foi acrescentado, dois séculos depois, na tradução inglesa de William Caxton, cuja primeira edição data de 1483.

Segundo Caxton, no reinado do imperador Maximiano, havia num país sob domínio romano, cujo nome não é revelado, um homem muito rico, chamado Dióscoro, o que em grego significa filho de Júpiter. Esse homem prestava culto aos ídolos pagãos, era viúvo e tinha uma filha única, belíssima, conhecida como Bárbara.

Quando a moça concluiu os estudos, em casa, com professores particulares, o pai mandou construir uma torre muito alta, onde foi trancada, a fim de que nenhum pretendente pudesse ter contato com ela. De sua janela, Bárbara via os deuses romanos que Dióscoro adorava.

Iluminada pelo Espírito Santo, a moça chegou à conclusão de que Deus não poderia estar nas imagens de barro ou de madeira, incapazes de falar e de ouvir. Sem ser batizada, a moça já amava o Deus desconhecido, que criou todas as coisas. Até que, um dia, São João Batista apareceu em sua torre para batizá-la com água do rio Jordão, a mesma água na qual Cristo recebeu o batismo. Desde então, imitando o santo, ela passou a se alimentar de mel e gafanhotos. O próprio Jesus a teria visitado para entregar-lhe uma pena de avestruz, símbolo de sua virgindade.

Outros biógrafos apresentam versão diferente para a conversão. Na torre muito alta, onde vivia, as refeições e a roupa lavada lhe chegavam às mãos numa cesta que ela puxava por uma corda. Nessa cesta, alguém escondeu um exemplar do Novo Testamento. Lidos os evangelhos, ela se converteu.

Tempos depois, tendo adoecido, o pai autorizou a visita de um médico. O visitante era, na verdade, um cristão chamado Valentino, discípulo do teólogo Orígenes de Alexandria, que a instruiu nas verdades da fé e a batizou sem que Dióscoro soubesse.

No dia do batismo, para manifestar a firmeza de sua fé, ela traçou o sinal-da-cruz com o polegar numa coluna de mármore de sua torre. Essa cruz, segundo a lenda, ficou gravada na pedra para sempre.

Ao ser batizada, Santa Bárbara consagrou sua virgindade a Cristo. Tempos depois, informados de sua beleza, alguns príncipes e homens ricos procuraram seu pai para pedi-la em casamento. Quando soube que o noivado estava sendo negociado à sua revelia, ela protestou: "Meu pai, rogo-lhe que não me force a casar, pois para isso não tenho disposição nem intenção."

Dióscoro imaginou que fosse uma depressão passageira e deu alguns meses para a filha se decidir. Enquanto isso, para agradá-la, mandou construir em sua torre um banheiro com instalações sanitárias. O projeto previa duas janelas, uma dando para o sul e a outra para o norte.

Iniciada a obra, ele teve de fazer uma viagem de negócios que se prolongou mais do que pretendia. Na ausência do pai, Bárbara pediu aos operários que abrissem no compartimento uma terceira janela, voltada para o oriente. Dióscoro só veio a saber dessa janela quando voltou da viagem e ficou irritado com o fato de suas instruções não terem sido cumpridas à risca.

O mestre de obras disse ter alterado o projeto a pedido da moça. O pai questionou Bárbara, que explicou: "Mandei abrir uma terceira janela porque três janelas iluminam o mundo e todas as criaturas, ao passo que apenas duas só produzem escuridão".

Dióscoro não entendeu a linguagem cifrada. A filha, então, foi mais clara: "Estas três janelas representam o Pai, o Filho e o Espírito Santo, as três pessoas da Santíssima Trindade, a que todos nós temos obrigação de adorar."

Ao se dar conta de que Bárbara havia se convertido à religião cristã que ele abominava, Dióscoro ficou tão indignado que agarrou uma espada a fim de matá-la. Os anjos, porém, levaram a moça para o alto de uma montanha. Avisado por um pastor, ele foi buscá-la, puxou-a pelos cabelos, colina abaixo, e a denunciou como cristã ao governador da província, Martiniano. Como castigo, as ovelhas do pastor se transformaram em gafanhotos.

Deslumbrado com a beleza de Bárbara, que tinha olhos claros e cabelos ruivos, Martiniano rogou-lhe que prestasse culto aos deuses romanos a fim de não ser condenada à morte. Ela respondeu: "Só posso adorar a um único Deus, Nosso Senhor Jesus Cristo, que criou o céu, a terra e todas as coisas." Ditas essas palavras, foi levada para a prisão, onde o carcereiro tentou açoitá-la, mas a vara se transformou em pena de pavão.

Submetida de novo a Martiniano 24 horas depois, Bárbara se negou pela segunda vez a abjurar a fé cristã. O governador ordenou que fosse submetida às torturas de praxe. Três dias duraram seus padecimentos, de modo que pôde oferecer, a cada dia, seus sacrifícios a uma das pessoas da Santíssima Trindade. No quarto dia, teve de desfilar, nua, perante a multidão, no centro da cidade, mas uma nuvem luminosa protegeu sua nudez.

Condenada à morte, o próprio Dióscoro ofereceu-se a Martiniano para executar a sentença, com sua espada, no alto do monte. Durante a escalada, Santa Bárbara fez uma última prece. Rogou a Deus que, depois de morta, todos os que se lembrassem de seu nome e de seu martírio fossem atendidos sem demora. Pediu especialmente que seus devotos fossem salvos da peste e escapassem da morte imprevista a fim de que obtivessem o arrependimento final e o perdão dos pecados.

Ao degolar a filha, Dióscoro ouviu uma voz nas nuvens que dizia: "Vem, esposa minha, vem repousar nos aposentos de meu Pai, que está no céu." Apesar desse prodígio, o homem não se arrependeu. Quando descia o morro, com a espada ensangüentada, sobreveio grande tempestade. Um raio o atingiu em cheio, de sorte que só restaram cinzas de seu corpo.

Uma jovem chamada Juliana, que assistiu ao martírio, apresentou-se ao governador Martiniano para dizer que também era cristã e queria morrer como Santa Bárbara — no que foi logo atendida. No dia seguinte, vítima de outra tempestade, Martiniano teve o mesmo castigo de Dióscoro.

A narrativa de Caxton, na tradução inglesa da *Legenda Áurea*, termina dizendo que um cristão chamado Valentino recolheu os corpos das duas virgens e que, graças a elas, houve na cidade "muitos milagres em louvor e glória de Deus onipotente".

Devoção

Só no século VI, duzentos anos depois do martírio, o culto de Santa Bárbara teve início no Oriente cristão. Acredita-se que chegou à Itália, levado pelos gregos, durante a ocupação bizantina no litoral adriático.

Não há referência ao nome dela nas primeiras listas de mártires. Tampouco no martirológio atribuído a São Jerônimo. Daí as dúvidas sobre sua existência. Suspeita-se que a lenda surgiu na Grécia como ficção religiosa, escrita para converter os pagãos. O grego Simeão Metafrastes situa a história em Heliópolis, no Egito, enquanto que o latino Mombrício adota a versão, hoje predominante, de que a santa viveu em Nicomédia, na Bitínia.

Por iniciativa do imperador Justino, que reinou de 565 a 578, os ossos dela teriam sido trasladados de Nicomédia para Constantinopla, onde o imperador Leão, no final do século IX, construiu uma igreja para abrigá-los. Até que, em 901, o imperador Basílio doou aos venezianos essas relíquias, conservadas desde então na igreja de São João Evangelista, em Veneza.

A partir das Cruzadas, com a difusão da lenda, o culto de Santa Bárbara, como patrona da boa morte, espalhou-se no Ocidente, estimulado por histórias semelhantes à de Heinrich Koch, o alemão que resistiu às queimaduras sofridas durante um incêndio, em 1448, até receber a extrema-unção. Conta-se de Santo Estanislau Kostka, por exemplo, que estava doente, em estado grave, na casa de um herege, em Viena, e recorreu a Santa Bárbara, com receio de não ter acesso aos últimos sacramentos. Foi em 1448, pouco antes de ele se tornar jesuíta. A santa apareceu no seu quarto, com dois anjos, para levar-lhe a comunhão. Episódios desse gênero convenceram o papa Pio V a confirmá-la, em 1568, como protetora dos agonizantes.

Santa Bárbara continua popular na Escandinávia, nos Bálcãs e nos países de língua alemã. Suas imagens costumam ser entronizadas na entrada dos túneis em construção para evitar desabamentos e acidentes. Nos navios de guerra franceses, chama-se *Sainte-Barbe* o depósito de munição. Na Itália esses arsenais têm o nome de *santabarbara*. Sob influência da tradição, o papa Pio XII proclamou-a patrona das Marinhas de Guerra em 4 de dezembro de 1951.

No século XVIII, Voltaire citava Dióscoro, pai de Santa Bárbara, como caso raro entre os pais que matam filhos por motivo religioso. No século XX, o escritor católico de língua inglesa G. K. Chesterton celebrou-a num poema famoso, *The Ballad of Saint Barbara*.

Data

O dia de Santa Bárbara, 4 de dezembro, está inscrito no Martirológio Romano nos seguintes termos: "Comemoração de Santa Bárbara, virgem e mártir, que viveu em Nicomédia, conforme a tradição." A festa litúrgica não figura no Missal Romano.

Etimologia

Bárbara vem do grego *bárbaros*, termo que significa estrangeiro, estranho, pessoa que balbucia ou tartamudeia. Os gregos chamavam de bárbaros os povos de civilização inferior à deles. Os romanos deram esse nome, mais tarde, aos habitantes da Barbária, no norte da África, que hoje são chamados bérberes. Nas línguas neolatinas, em inglês e alemão, Barbara. Em francês, usa-se também Barbe, com o diminutivo Babette. No inglês, há a variante Barbra. Em sueco, Barbro. Em russo, Varvara.

Especialidade

Invocada para baixar a febre, contra a morte súbita e a impenitência final. Protege os agonizantes e os que estão em risco de vida para não morrerem sem os últimos sacramentos. Invocada nas tempestades, contra os raios e os trovões; contra as explosões, os incêndios, o perigo do fogo e das queimaduras; contra os tiros da artilharia; para libertar alguém da prisão; contra desabamentos, tiros, balas perdidas e morte trágica ou violenta; contra as doenças da língua; contra o ataque de animais nocivos. Na Alemanha, as mulheres recorrem à sua intercessão para encontrar marido.

Patrocínio

É patrona dos agonizantes, das moças solteiras e também dos açougueiros, alquimistas, arquitetos, artilheiros, atiradores, barqueiros, bombeiros, canhoneiros, carpinteiros, cervejeiros, chapeleiros, cirurgiões, construtores de túneis, coveiros, cozinheiros, engenheiros militares, fabricantes de armas, fabricantes de escovas, farmacêuticos, ferreiros, fogueteiros, fuzileiros, geólogos, lavradores, matemáticos, mecânicos, metalúrgicos, mineiros, montanhistas, navegantes, pedreiros, pirotécnicos, prisioneiros, sineiros, tapeceiros, tecelões e dos que trabalham com armamento, bombas, bronze, cobre, construção civil, túneis, explosivos, fogos de artifício, fogo em geral, fundição, latão, minas, peles, pedras, pólvora e salitre. Padroeira da Síria e das cidade do Cairo, no Egito, e Kiev, na Ucrânia.

Relíquias

Figura no roteiro turístico do Cairo, no Egito, a visita a suas relíquias, conservadas na igreja copta de Santa Bárbara, construída entre 685 e 705. Outros ossos, trazidos de Constantinopla, no século XII, estão na catedral ortodoxa de São Vladimir, em Kiev, na Ucrânia. Há relíquias também na catedral ortodoxa de Novgorod, na Rússia. Os restos mortais são venerados, desde 1009, na igreja de São João Evangelista, em Veneza. Segundo outra tradição, o corpo estaria na catedral de Rieti, também na Itália. Existem ainda supostas relíquias em três lugares de Roma: o crânio na igreja de Santa Bárbara dos Bibliotecários, um braço na igreja de Santa Maria da Transpontina e parte do outro braço em São João de Latrão.

Imagens

Representada junto a uma torre, tendo um cálice nas mãos e, em cima do cálice, a hóstia consagrada, para lembrar os últimos sacramentos. Aos pés da santa, um pequeno canhão. A coroa, a espada e um ramo de oliveira representam seu martírio. Está associada também à pena de pavão, símbolo da imortalidade e da ressurreição.

Superstições

No interior da França, as mulheres que querem ter filhas de cabelo encaracolado acendem uma vela para Santa Bárbara. Na Hungria, os tesouros escondidos são escavados na vigília de sua festa. Na Áustria, um galho é plantado num vaso para cada membro da família, nessa noite, e a pessoa cujo galho florescer primeiro terá mais sorte que as outras no ano seguinte. Na região da Provença, na França, semeiam-se grãos de trigo ou lentilha em algodão embebido com água; se as plantinhas nascem logo é sinal de abundância e prosperidade. Em algumas regiões da Europa, as mulheres do campo não fazem trabalhos com agulha no dia de Santa Bárbara, sob pena de suas galinhas deixarem de pôr ovos durante um ano.

Orixás

No sincretismo afro-brasileiro, Santa Bárbara é identificada com Iansã, deusa dos ventos e das tempestades. Em Cuba, nas santerias, ela se transforma num orixá do sexo masculino, o guerreiro Xangô.

Topônimos

Doze cidades do Brasil têm seu nome: Santa Bárbara, na Bahia; Santa Bárbara, Santa Bárbara do Leste, Santa Bárbara do Monte Verde, Santa Bárbara do Tugúrio e Ribeirão de Santa Bárbara, em Minas Gerais; Santa Bárbara d'Oeste e Águas de Santa Bárbara, em São Paulo; Santa Bárbara de Goiás, em Goiás; Nova Santa Bárbara, no Paraná; Santa Bárbara do Sul, no Rio Grande do Sul; e Santa Bárbara do Pará, no Pará. A cidade de Santa Bárbara, na costa oeste dos Estados Unidos, chama-se assim porque o navegador espanhol Juan Rodriguez Cabrillo descobriu a Califórnia no dia 4 de dezembro de 1542.

Outras santas

O Martirológio Romano registra nove mártires com o nome Bárbara, mortas em Seul, na Coréia, entre 1839 e 1840, e também uma mártir chinesa, morta em 1900. Além delas, há três beatas: no dia 18 de abril, Bárbara Avrillot, viúva parisiense, que morreu como religiosa carmelita em 1618; no dia 24 de junho, Bárbara da Baviera, filha de um duque alemão, religiosa franciscana, que morreu na cidade de Munique em 1474; e, no dia 19 de novembro, Bárbara de Bérgamo, irmã clarissa italiana, que morreu em 1478.

Orações a Santa Bárbara

Santa Bárbara, virgem e mártir, patrona dos agonizantes, que sempre obtivestes em favor dos que recorrem à vossa proteção a graça de uma morte feliz, rogai por nós.

Oremos: ó Deus, mediante a intercessão de Santa Bárbara, protegei-nos contra a adversidade e sobretudo concedei-nos a graça de que, antes de partir desta vida, possamos receber o corpo e o sangue de nosso salvador, Jesus Cristo, que convosco vive e reina na unidade do Espírito Santo, agora e para sempre. Amém.

Santa Bárbara, eu vos recomendo meu corpo e minha alma na vida e na morte. Assisti-me na última hora e me alcançai a graça de receber os sacramentos antes de morrer para que morra na graça de Deus e que, quando minha alma se separar do corpo, seja preservada dos tormentos do inferno e conduzida ao céu. Amém.

Ó Deus, que para tornar conhecidos os méritos de Santa Bárbara, virgem e mártir, prometestes misericórdia a todos os que a ela recorrerem, concedei-nos por sua intercessão que, depois de ter vencido os ataques do inimigo, possamos gozar da vida eterna. Por Jesus Cristo, Nosso Senhor, amém.

Ó Deus, que escolhestes Santa Bárbara para consoladora dos vivos e dos agonizantes, concedei-nos por sua intercessão que nos conservemos no vosso amor e na esperança dos merecimentos da paixão de vosso Filho, a fim de não sermos surpreendidos pela morte em pecado, mas que, munidos dos santos sacramentos da penitência, da eucaristia e da unção dos mortos, possamos nos encaminhar sem receio para a glória eterna. Nós vos suplicamos pelo mesmo Jesus Cristo, Nosso Senhor, amém.

3 de fevereiro
SÃO BRÁS
contra dores de garganta

Era uma vez um menino de três anos que se engasgou com uma espinha de peixe no almoço. Sua mãe estava desesperada porque a criança mal conseguia respirar. Nesse instante, por acaso, São Brás passou na estrada, em frente à casa deles. O santo estava sendo levado, preso, de sua gruta no Monte Argeu para a cadeia de Sebaste, na Armênia, onde haveria de sofrer o martírio. Ao vê-lo da janela, a mãe saiu correndo, com o filho nos braços.

"A criança está morrendo engasgada", disse ela, de joelhos, "mas o senhor, que é médico, talvez possa salvá-la." O santo pegou o menino nos braços, fez o sinal-da-cruz em sua garganta com o polegar da mão direita, levantou os olhos ao céu e rezou em voz baixa esta oração: "Dignai-vos, ó Deus misericordioso, ouvir a oração de vosso servo, devolvendo a saúde a esta criança inocente, para que todos saibam que só vós sois o senhor da vida e da morte." Dito isto, o menino cuspiu a espinha e correu, feliz, para os braços de sua mãe, como se nada tivesse acontecido.

São Brás, médico e bispo de Sebaste, capital da Armênia, província romana da Ásia Menor, morreu em 316, durante a décima perseguição aos cristãos, que foi a mais terrível devido à rivalidade entre Constantino, imperador do Ocidente, e Licínio, imperador do Oriente.

Três anos antes, em 313, com o edito de Milão, Constantino havia concedido liberdade de culto aos cristãos de Roma. Em Bizâncio, contudo, para desafiar o rival, Licínio mandou persegui-los mais uma vez.

Conhecida como Megalópolis, a cidade de Sebaste, na antiga Rota da Seda, ficava onde hoje é Sivas, na Turquia oriental. O santo, nascido numa família rica e educado na religião cristã, exercia a medicina antes de ser eleito bispo, graças a sua popularidade como homem justo, prudente, manso e muito caridoso.

Quando Agricolau, nomeado governador da Armênia Menor e da Capadócia, mandou prender os cristãos de Sebaste, por ordem de Licínio, o jovem bispo transferiu a residência episcopal para uma gruta no Monte Argeu. Nesse esconderijo, a alguns quilômetros de distância, dividia o tempo entre a meditação espiritual e o atendimento clandestino aos diocesanos.

Certo dia, a paz daquele refúgio foi perturbada pelos caçadores do governador, que buscavam feras para o circo, onde os cristãos eram devorados para divertimento de Agricolau. Levado preso para a cidade, o santo se recusou a adorar os ídolos romanos. Como castigo, teve as carnes rasgadas com os pentes de ferro que se usavam para tirar a lã dos carneiros. Depois de outras torturas, foi decapitado no dia 3 de fevereiro de 316. Sete cristãs de Sebaste, segundo a lenda, morreram na véspera, solidárias com ele.

Nas atas de Santo Eustrácio, vítima da perseguição de Diocleciano em 303, São Brás já era citado como seu executor testamentário. Ele recebeu as relíquias desse santo e as depositou junto às de Santo Onofre, como recomendava o testamento. É uma comprovação de que viveu em Sebaste no início do século IV.

Lendas

Desde que São Brás se escondeu, no Monte Argeu, perto de Sebaste, sua alimentação era trazida pelos pássaros e animais da floresta. Em retribuição, se um deles adoecia, o santo curava.

Certo dia, os caçadores do governador penetraram por acaso na caverna, depois de percorrerem a mata sem encontrar nenhuma caça. Eles se surpreenderam com os leões, tigres, ursos e lobos que cercavam o santo, buscando proteção. No entanto, por mais que tentassem, não conseguiram capturar nenhum deles.

Ao saber do fenômeno, Agricolau deu ordens para que o eremita fosse trazido à sua presença. Na véspera, São Brás tinha sonhado três vezes que Jesus lhe dizia: "Levanta-te para me oferecer o sacrifício." Ao acordar pela manhã, chegaram à sua gruta os soldados romanos com a ordem de prisão. Ele os saudou, prevendo que ia morrer: "Sejam bem-vindos. Vejo que Deus não se esqueceu de mim, seu humilde servo."

A caminho da prisão, fez dois milagres. Uma mulher que chorava trouxe o filho à sua presença, na estrada. A criança estava sufocada com uma espinha presa à garganta. Bastou a bênção de São Brás para a criança se livrar do engasgo. Outra mulher, viúva e muito pobre, queixou-se de que um lobo havia carregado o porquinho que criava para comer. O santo achou graça na história e prometeu: "Não chore porque, hoje mesmo, ele lhe será devolvido." O lobo retornou com o leitão nos dentes.

São Brás passou a noite no cárcere, rezando. Na manhã seguinte, Agricolau mandou buscá-lo e o recebeu dizendo: "Bom -dia, Brás, amigo dos deuses." O santo respondeu, irritado: "Bom-dia, governador. Peço-lhe que não chame de deuses os demônios." Foi o bastante para ser espancado e reconduzido à prisão.

A viúva que tinha recuperado o leitão preparou um assado com a cabeça e os pés do animal. Ao levar a marmita para São Brás, deu-lhe também um pão e uma vela. O bispo agradeceu, dizendo: "Todos os anos vá a uma igreja e ofereça uma vela acesa em meu nome. Aos que fizerem essa oferenda prometo uma vida feliz para sempre."

Na manhã seguinte, o governador mandou suspendê-lo num poste. Sua carne foi rasgada com pentes de ferro. Sete mulheres de Sebaste que assistiram à tortura recolheram o sangue do mártir como relíquia. Ao saber disso, Agricolau exigiu que elas também prestassem culto aos deuses romanos. As mulheres disseram: "Dê-nos as estatuetas para lavar no lago." Mas, ao chegarem lá, jogaram n'água as imagens pagãs, que afundaram, e os mergulhadores não conseguiram achar.

O governador ficou indignado. As mulheres retrucaram: "Se os seus ídolos de barro fossem deuses de verdade, não teriam afundado no lago." Nessa mesma tarde morreram decapitadas.

Agricolau mandou buscar o santo no cárcere e lhe ofereceu a possibilidade de salvação: "Pela última vez, responda-me, sim ou não, se está disposto a adorar nossos deuses." Como ele se negasse, o governador deu ordem aos soldados para afogá-lo no mesmo lago em que as mulheres tinham arremessado os ídolos.

São Brás fez o sinal-da-cruz sobre as águas, que ficaram congeladas, embora fosse um dia quente de verão. Andando em cima do gelo, ele desafiou os soldados romanos: "Demonstrem o poder que os deuses de vocês têm sobre as águas, vindo aqui me buscar." Sessenta e cinco homens entraram no lago, cuja água congelada se derreteu. Todos morreram afogados, menos o santo, que continuava de pé na superfície.

Um anjo desceu do céu e lhe disse: "Brás, saia do lago e venha receber a coroa do martírio que Deus destinou a você desde toda a eternidade." Agricolau ordenou, então, que os soldados o decapitassem.

Segundo a *Legenda Áurea*, antes de entregar a cabeça ao carrasco, o bispo de Sebaste pediu a Deus que fossem curados da garganta todos os que, ao longo dos séculos, recorressem à sua intercessão. Uma voz no céu garantiu que essa prece jamais deixaria de ser atendida.

Devoção

Em meados do século VI, Aécio de Amida, médico grego que clinicou na corte imperial de Constantinopla, receitava a oração de São Brás como sendo o último recurso contra as doenças da garganta. O que Aécio escreveu a esse respeito num compêndio de medicina intitulado *Tetrabiblion* é o mais antigo testemunho de seu culto no Oriente.

Ao fundar a Ordem dos Beneditinos, em 526, no início da Idade Média, São Bento lhe dedicou um dos 12 mosteiros que construiu em volta de Roma. Seus monges ficaram conhecidos como propagandistas de São Brás.

Alguns cristãos de Sebaste, na Armênia, que viajavam para Roma num navio, levando relíquias de São Brás para escapar à devastação dos iconoclastas, naufragaram, no dia 12 de maio de 732, em frente à cidade de Maratéia, na Sicília, durante uma tempestade no Mar Tirreno. A comunidade siciliana acolheu-as, muito feliz, achando que o naufrágio tinha sido um desígnio da Providência. Para abrigar o relicário, foi construída uma igreja, que hoje é basílica. A Sicília se tornou, assim, no século VIII, o ponto de partida para a difusão do seu culto no Ocidente.

Um peregrino russo, que foi à Terra Santa em 1200, Antônio de Novgorod, registra no relato da viagem ter visto os restos mortais de São Brás em Constantinopla, no mosteiro de São Salvador Pantocrator. Fragmentos de seus ossos, que os cruzados trouxeram para casa, com a crença de que o santo curava as doenças da garganta, espalharam-se na Europa durante os anos seguintes.

Em 1244, a Santa Sé reconheceu São Brás de Sebaste como santo universal, no Concílio de Lyon, em que a Igreja Católica Romana tentou reconciliar-se com a Igreja Ortodoxa Grega, separada de Roma desde o cisma do Oriente, em 1054.

Data dessa época o ritual em que o sacerdote dá a bênção de São Brás aos fiéis no dia 3 de fevereiro. Antigamente, em latim: *Per intercessionem*

Sancti Blasii liberet te Deus a malo gutturis et quovi alio malo. Hoje, na língua vernácula: "Por intercessão de São Brás, bispo e mártir, Deus te livre das dores de garganta e de qualquer outro mal."

Como o santo é comemorado no dia seguinte à festa de Nossa Senhora das Candeias, a proximidade de datas reforçou a tradição de abençoar os devotos com duas velas cruzadas. Em algumas paróquias, na Europa, há o costume de benzer também algumas pitadas de açúcar, que são guardadas para tratar a dor de garganta ao longo do ano. Sem esquecer que a água de São Brás é dada, na Europa, ao gado doente.

Conta-se em Nápoles que, no ano de 1632, houve uma epidemia de angina, que só desapareceu quando o arcebispo Francesco Boncompagni lançou a pedra fundamental de uma igreja de São Brás.

Sua festa conserva até hoje um aspecto agrícola na Grécia, na Romênia e nos países desmembrados da antiga Iugoslávia, onde os lavradores levam à igreja para benzer, todo ano, no dia 3 de fevereiro, um punhado de sementes, que são misturadas às outras, antes da plantação, para garantir boa colheita. Na Croácia, onde é conhecido como Sveti Vlaho, São Brás teria aparecido em 971 para avisar os habitantes de Dubrovnik que um ataque veneziano pelo mar ia acontecer a qualquer momento.

Os produtores de lã e os tecelões da Europa, que o escolheram para patrono, celebram com entusiasmo sua festa. São concorridas as comemorações de Norwich, na Inglaterra e de Grenoble, na França.

Em Roma, chegou a haver 54 igrejas, capelas e oratórios com seu nome. Incluído entre os Quatorze Auxiliares, tornou-se popular durante a peste negra, na Alemanha, na Polônia, na Hungria, na Suécia, na Dinamarca, na Suíça, na Holanda, na Bélgica, na Inglaterra, na França e na Itália, além de ser cultuado nos países eslavos desde a antiguidade. Seu nome é um dos mais comuns na Suíça. Milhares de suíços, nos dias atuais, se chamam Blaise, Blasius, Blasien, Biagio ou Blez, conforme o cantão de nascimento ou a zona linguística em que moram.

Como o verbo *blasen* em alemão significa soprar, sua proteção foi estendida aos músicos que tocam instrumentos de sopro. Assim, na Alemanha, recorre-se a ele também contra os ventos, tufões e tempestades. O mesmo acontece em relação às doenças da vesícula, pelo fato de ela se chamar *Blase* em língua alemã. No interior da Inglaterra, havia a tradição de acender fogueiras na noite de São Brás, costume inspirado no som da palavra inglesa *blaze*, que significa labareda.

Machado de Assis deu seu nome a um dos seus personagens: Brás Cubas. Todo ano, desde 1992, o escritor Carlos Heitor Cony publica na *Folha de S. Paulo* uma crônica sobre São Brás no dia de sua festa.

Data

Está inscrito no Martirológio Romano no dia 3 de fevereiro: "Comemoração de São Brás, bispo e mártir, que morreu em defesa do nome de cristão, em Sebaste, na Armênia, no tempo do imperador Licínio." A festa figura no Missal Romano como memória facultativa. Até 1969 ele era festejado como memória obrigatória. Comemorado na Igreja Oriental oito dias depois, em 11 de fevereiro.

Etimologia

Brás vem do grego *blaisós*, por meio do latim *blaesus*: de pés espalhados ou coxo, e, por extensão, gago. Em francês, Blaise e Blay. Em inglês, Blase. Em alemão, Blasius. Em espanhol, Blas e Vasco. Em italiano, Biagio. Em russo, Vlas.

Especialidade

É o santo protetor da garganta, invocado contra engasgos, tosse, coqueluche, anginas, torcicolo, rouquidão, espirros, doenças respiratórias, doenças do pescoço, soluço, gagueira e problemas da fala. Invocado contra as doenças infantis em geral, dor de dentes, dor d'olhos, bócio, difteria, doenças da vesícula, úlceras e hemorragias. Na Europa os pecuaristas recorrem a ele contra as doenças do gado, e os lavradores para pedir chuva ou se proteger nas tempestades. Invocado na Idade Média contra o ataque de lobos e mordidas de cobras. Em alguns países da Europa, as moças fazem sua novena para encontrar marido.

Patrocínio

São Brás é o patrono dos agricultores, alfaiates, animais selvagens, animais domésticos, caçadores, cantores de igreja, cardadores de lã, chapeleiros, construtores, criadores de gado, curtidores, entalhadores, estucadores, fabricantes de colchões, de lençóis e de velas, laringologistas, fonoaudiólogos, gado, marceneiros, médicos, músicos que tocam instrumentos de sopro, noivos, pastores, porcos, sapateiros, operários da construção civil, quebradores de pedras, tecelões e veterinários. Padroeiro do Paraguai e da cidade de Dubrovnik, na Croácia.

Relíquias

Os restos mortais de São Brás permaneceram até o ano de 1200 em Constantinopla. Durante a pilhagem das relíquias, entre 1204 e 1208, na IV Cruzada, desmembrado seu esqueleto, os ossos dispersaram-se em vários países da Europa. O crânio foi para a Sainte Chapelle, em Paris, e o tórax para a catedral de Notre Dame, na mesma cidade. Outros ossos ficaram na França: o parietal e uma costela em Soissons, o astragalo na abadia beneditina de Corbie e uma escápula no mosteiro de Claraval. Bruges, na Bélgica, ganhou um antebraço. Quase tudo sumiu nas guerras religiosas, depois da Reforma Protestante. Escaparam os relicários conservados na catedral anglicana de Cantuária, na Inglaterra, na basílica da Floresta Negra, na Baviera, Alemanha, e em igrejas de Taranto, na Itália, e de Dubrovnik, antiga Ragusa, na Croácia. Sem falar no osso da garganta, que estaria na igreja de São Brás e São Carlos, em Roma, e outras relíquias conservadas desde 732 numa basílica de Maratéia, na Sicília.

Imagens

Representado como bispo, com a mitra, tendo numa das mãos duas velas entrecruzadas e, na outra, um ancinho, para lembrar o pente com dentes de ferro, usado para torturá-lo no seu martírio.

Superstições

Em Brescia, na Itália, as moças festejam o dia de São Brás beijando o primeiro rapaz que encontram na rua. Noutras regiões da Europa, as mulheres do campo não fazem trabalhos de agulha nesse dia, sob pena de o teto da casa desabar. Há lugares também em que a água de São Brás é dada aos pintos e aos frangos, nos galinheiros, para as raposas não comê-los.

Orixá

São Brás e São Roque são associados, no sincretismo afro-brasileiro, a Omulu ou Obaluaiê.

Topônimos

Há três cidades de São Brás no Brasil: São Brás, em Alagoas; São Brás do Suaçuí, em Minas Gerais; e São Brás do Piauí, no Piauí.

Outros santos

Mais quatro santos têm o nome Brás no santoral católico. Três deles foram mártires: São Brás de Cifuentes, bispo de Orieto, na Espanha, vítima da perseguição de Nero, com festa no dia 3 de fevereiro, como São Brás de Sebaste; São Brás de Cesaréia, na Capadócia, que criava carneiros, conhecido como São Brás, o Pastor, também no dia 3 de fevereiro; e São Brás de Veroli, na Itália, companheiro de martírio de São Demétrio, no dia 29 de novembro. O quarto é São Brás, bispo de Verona, na Itália, em 30 de outubro.

Orações a São Brás

Milagroso São Brás, bispo e mártir, que protegeis os pobres e curais os doentes, rogai por nós, pecadores.

Oremos: ó Deus, por intercessão de São Brás, livrai-nos dos males do corpo e da alma, especialmente das doenças da garganta. Por Jesus Cristo, Nosso Senhor, amém.

São Brás, bispo e mártir, que mostrais grande compaixão e piedade por todos os que recorrem a vós, protegei-me para que seja preservado das doenças da garganta e dos pecados da fala, além de obter a graça de uma boa confissão. Amém.

Ó Deus, que nos dais a alegria de festejar o bem-aventurado bispo e mártir São Brás, concedei que, celebrando o aniversário de sua morte, possamos também nos regozijar de sua proteção. Por Jesus Cristo, Nosso Senhor, amém.

Ó Deus, que tornastes admirável o bem-aventurado São Brás, vosso bispo e mártir, por sua coragem nos suplícios e pela cura das enfermidades do próximo, fazei que, imitando sua constância na fé, obtenhamos sua assistência em todos os perigos. Por Jesus Cristo, Nosso Senhor, amém.

~

Senhor, nosso pai de misericórdia e Deus de consolo, senhor da vida e da morte, dono e soberano de todos nós, misericordioso e compassivo com os que vos invocam, nós vos suplicamos, por intercessão de São Brás, que afasteis de nós o pecado e a enfermidade e que nos deis a saúde que aumenta nossa fé, concedendo a graça que vos pedimos. Por Nosso Senhor Jesus Cristo, vosso Filho, que vive e reina convosco na unidade do Espírito Santo e é Deus por todos os séculos dos séculos. Amém.

25 de novembro
SANTA CATARINA
contra a morte súbita

Quando o papa João Paulo II visitou os Lugares Santos, na comemoração dos 2 mil anos de Cristo, fez uma escala no Egito para rezar no Mosteiro de Santa Catarina, que fica no sopé do Monte Tabor, conhecido hoje como Sinai, onde Moisés recebeu as tábuas da lei com os dez mandamentos. Construído no século VI, é o mais antigo mosteiro da cristandade, agora sob a guarda dos monges da Igreja Ortodoxa Oriental, que não reconhecem a autoridade de Roma.

O papa se ajoelhou, em sinal de respeito, diante dos ossos de Santa Catarina de Alexandria, conservados num sarcófago junto ao altar. Antes de fazer uma prece pela unidade dos cristãos, ele retirou seu próprio anel e o colocou por alguns instantes no dedo da santa, cujo corpo, depois da morte, conforme a lenda, foi carregado pelos anjos de Alexandria para essa igreja no deserto.

Nenhuma santa foi tão amada, na Idade Média, como Catarina de Alexandria, tanto no Ocidente quanto no Oriente. Apesar da grande devoção, nada está documentado a respeito de sua vida e de sua morte, sendo impossível separar a ficção da realidade.

O único dado histórico fora de dúvida é que o culto teve origem no Monte Sinai, para onde seu corpo foi levado não se sabe por quem nem quando. Segundo a tradição, morreu decapitada, em Alexandria, no Egito, por volta do ano 307 ou 310, no reinado de Maximínio Daia.

Santa Catarina é venerada no Oriente, como grande mártir e verdadeira sábia, a mais ilustre das virgens de Cristo, enquanto os cristãos ocidentais recorrem a ela como a conselheira por excelência nos momentos de aflição. Na arte sacra três auréolas circundam sua cabeça: a auréola branca das virgens, a verde dos doutores e a vermelha dos mártires.

Acredita-se que nasceu em Alexandria, na última década do século III. Dotada de grande inteligência, teria estudado filosofia. Um dos imperadores romanos do Oriente apaixonou-se por sua beleza, mas ela rejeitou as propostas de amor, declarando-se noiva espiritual de Cristo. Pintores famosos, como Fra Angelico, Tintoretto, Correggio, Rubens, Ticiano e Murilo, pintaram esse casamento místico em grandes telas, na Renascença.

Diz a lenda que, antes de entregar a cabeça ao carrasco, pediu a Deus que proporcionasse a seus devotos, por toda a vida, pão, água e boa saúde. Pediu também que eles fossem preservados da morte súbita. Daí ter sido incluída, na Idade Média, entre os Quatorze Santos Protetores.

São Domingos, Santa Joana d'Arc, São Vicente Ferrer, Santa Catarina de Sena e Santa Catarina Labouré tinham por ela grande devoção. Suspeita-se, porém, que pode ter existido somente na imaginação de um grego que escreveu contos edificantes sobre os primeiros mártires do cristianismo. Por esse motivo, sua comemoração não constou do calendário litúrgico da Igreja entre 1970 e 2000.

Lendas

Santa Catarina seria filha de um rei de Chipre, chamado Costos. Sua mãe, Sabinela, filha do rei do Egito, sofria de infertilidade e consultou astrólogos para engravidar. Os pais lhe proporcionaram uma educação aprimorada. Catarina freqüentou na adolescência a Biblioteca de Alexandria, onde estudou a filosofia grega e toda a ciência da antiguidade.

Consta que se converteu à religião cristã depois de um sonho, em que Nossa Senhora lhe apareceu, com o menino Jesus nos braços, para pedir que fosse batizada. Tendo recebido o batismo, Catarina tornou a sonhar com o Menino Jesus. Desta vez, cercado de anjos, ele colocou em seu dedo o anel de noivado. Ao despertar, ela ficou surpresa de ter no dedo um anel de verdade.

A princesa convertida tinha 18 anos quando o imperador romano do Oriente convocou a Alexandria os habitantes do Egito, então província de Roma, para que todos os súditos oferecessem sacrifícios aos ídolos pagãos. Cada homem rico sacrificou pelo menos um touro. Os pobres, suas galinhas. Dando um exemplo à corte, o imperador teria imolado 130 rezes.

Santa Catarina, que desde a morte dos pais vivia reclusa, dirigiu-se ao templo com numerosos criados. Fez o sinal-da-cruz e entrou. Era a mais bela de todas as mulheres na cerimônia. Anunciada sua chegada, o imperador deu ordens para que fosse conduzida à sua presença.

Ao vê-lo no saguão, a santa argumentou, com belas palavras, sob a inspiração do Espírito Santo, que adorar ídolos de barro não faz sentido porque só pode haver no universo um único Deus verdadeiro. Diante de sua beleza e inteligência, ele pediu que o aguardasse um instante no palácio.

Encerrado o culto pagão, o imperador mandou chamá-la para saber quem era ela. Catarina apresentou-se: "Como é possível que não me reconheça? Pertenço à família real de Chipre. Nascida na opulência, fui educada na filosofia e nas artes, mas abandonei o saber e as riquezas para me dedicar de corpo e alma a Jesus Cristo, meu único Senhor."

Não conseguindo contestar seus argumentos contra o paganismo, ele convocou ao palácio os cinqüenta maiores sábios do Egito para um debate com a santa, mas ela, movida pela fé, usando o raciocínio, convenceu com facilidade os filósofos pagãos. Todos os cinqüenta se declararam convertidos à religião cristã e foram condenados à fornalha. Catarina os confortou, dizendo que o fogo seria para eles o batismo, a porta para o céu.

O imperador tentou seduzi-la, propondo que fossem morar juntos: "Você ocupará, no palácio, a segunda posição depois da rainha. Uma estátua sua será erguida em Alexandria para que o povo a adore como deusa." Catarina protestou, declarando-se noiva de Cristo: "Nem carícias nem tormentos, nada poderá afastar-me do amor de Deus."

Transtornado, ele mandou despi-la, para que fosse torturada. A moça foi posta numa cela escura e os carcereiros receberam ordens para deixá-la sem água e sem alimentos por 12 dias, enquanto o imperador viajava ao interior do Egito, mas uma pomba lhe trazia no bico os alimentos.

Na ausência do marido, não resistindo à curiosidade, a imperatriz Faustina foi visitar a jovem prisioneira, com Porfírio, seu amante, um dos generais. Ao entrarem juntos na cela, viram uma luz belíssima em torno da santa, cujas chagas eram tratadas pelos anjos. Bastou conversar com ela durante alguns minutos, para que ambos se convertessem.

Passados 12 dias, quando o imperador retornou da viagem, surpreendeu-se por vê-la cheia de saúde e mais bonita do que antes. Deslumbrado, tornou a pedir que fosse morar com ele. Diante da recusa, disse que ela deveria escolher entre prestar culto aos deuses romanos ou morrer sob terríveis sofrimentos. A santa respondeu que não temia as dores: "Estou pronta a oferecer minha vida por Jesus Cristo, que derramou seu sangue por mim. Só ele é meu Senhor e meu Deus."

Trouxeram um carro com rodas de pregos para rasgar suas carnes. A máquina infernal se rompeu, diante da multidão, sem que ela sofresse o menor ferimento. A imperatriz, que assistia às torturas numa das sacadas do palácio, desceu à praça para protestar contra a crueldade do marido. Ao saber de sua conversão, ele mandou matá-la. Catarina consolou

Faustina, prometendo: "Hoje mesmo sua realeza passageira vai tornar-se, no céu, realeza eterna."

O imperador, agora viúvo, propôs que se casassem. A santa o repeliu pela terceira vez. Quando ele, por fim, mandou decapitá-la, Catarina levantou os olhos ao céu e recitou esta oração: "Jesus, meu Senhor e meu Deus, peço que seja socorrido por vós todo aquele que, em momentos de aflição, invocar a lembrança de meu martírio. Livrai da morte súbita os meus devotos. Concedei a eles, por toda a vida, abundância de pão e água, além da saúde. Que as doenças e a tempestade se mantenham longe de suas casas. Que as mulheres não abortem nem morram de parto. Que não haja carestia onde morem e que o orvalho do céu desça, dia e noite, sobre suas cabeças. Concedei por fim que, se alguém recorrer a meu nome na hora da morte, seja conduzido pelos anjos ao repouso eterno."

É o que narra a *Legenda Áurea* no final do capítulo. Ouviu-se nesse instante uma voz nas nuvens, dizendo: "Vem, minha noiva querida, as portas do céu estão abertas para você. Os anjos celestes já estão reunidos, com a coroa da glória, à espera de sua chegada. Quanto à graça que me pede, neste momento, prometo que será concedida aos que recorrerem à sua proteção".

Quando a cabeça de Santa Catarina foi cortada pelo carrasco, mais um milagre: de seu pescoço jorrou leite em vez de sangue.

Devoção

Santo Eusébio, bispo de Cesaréia, que escreveu a primeira *História da Igreja* por volta do ano 320, disse ter ouvido falar de uma jovem cristã de Alexandria decapitada porque não quis ser amante do imperador romano do Oriente. Vem daí talvez o mito dessa mártir, cujo nome grego significa "muito pura".

Ela não figura nos registros romanos dos primeiros mártires. Nos calendários cristãos do Egito, também não. A primeira *Paixão* de Santa Catarina foi redigida em grego, mas o autor não deixou indícios que permitam identificá-lo como padre de Alexandria ou monge do Sinai.

O nome dela aparece pela primeira vez num texto de Simeão Metafrastes, o grego que compilou vidas dos santos no final do século X. Ele reescreveu um texto anônimo do século anterior, desenvolvendo os aspectos fantásticos da suposta biografia, mais tarde incorporados à *Legenda Áurea*.

O mosteiro do Monte Sinai, no Egito, que tem, desde a Idade Média, o nome de Santa Catarina, foi construído entre os anos 527 e 565, por iniciativa dos imperadores Justiniano e Teodora, como Mosteiro da Transfiguração. Acredita-se ter sido lá que o próprio Deus apareceu a Moisés, em cima de um arbusto em chamas, a sarça ardente, para dizer: "Eu sou aquele que é."

Séculos depois, guiados por um sonho, os monges descobriram, no recinto do mosteiro, o túmulo de uma mulher que identificaram como sendo a jovem mártir de Alexandria, cujos restos mortais teriam sido transportados pelos anjos à península do Sinai. Seu corpo, conservado intacto, exalava um suave cheiro de mirra.

Apesar da lenda, nenhum peregrino antigo — nem mesmo um certo Epifânio, que visitou o Sinai pouco antes de 820 — declarou ter visto no mosteiro o sarcófago da santa. O primeiro devoto dela de que se tem notícia, São Paulo de Latros, morto em 995, viveu na Bitínia, muito longe do Sinai.

Tiago de Voragine se refere, na *Legenda Áurea*, a um monge de Ruão, na França, que foi ao Egito em peregrinação ao túmulo de Santa Catarina. Depois de rezar a ela durante sete anos, o peregrino ousou solicitar-lhe a graça de possuir um fragmento de suas relíquias. Para sua alegria, um dedo se desprendeu nesse instante da mão dela.

Como complemento do episódio, conta-se na França que, por volta de 1027, passou em Ruão, vindo do Sinai, um monge chamado Simeão Pentaglota. O peregrino trazia, entre outras relíquias, o dedo de uma santa desconhecida. Atendendo a pedidos, deixou a preciosidade na abadia beneditina de Trinité-au-Mont, que hoje tem o nome de Santa Catarina. A relíquia revelou-se milagrosa: em contato com ela, doentes ficaram curados, mudos passaram a falar e mulheres estéreis engravidaram.

Foi a partir de Ruão que a devoção de Santa Catarina se propagou na Europa. No século XII, já famosa, ela apareceu, junto com Nossa Senhora, a São Domingos, fundador da Ordem dos Pregadores. Desde então, é patrona dos frades dominicanos.

O testemunho de Joana d'Arc, que dizia ser de Santa Catarina uma das vozes que a orientaram, durante o julgamento no Tribunal de Ruão, ajudou na difusão do seu nome. As outras vozes eram de São Miguel e Santa Margarida.

A festa de Santa Catarina entrou para o calendário da Igreja universal em 1568, no pontificado de João XXII. No século XVI, festejava-se o 25 de novembro, como dia santo de guarda, em muitas dioceses da França.

Ela era tão popular na Inglaterra que três mulheres do rei Henrique VIII se chamavam Catarina: Catarina de Aragão, Catarina Howard e Catarina Parr. Os ingleses tinham, nessa época, 62 igrejas com seu nome. Na passagem da Idade Média para a Renascença, mais de trinta corporações profissionais a escolheram como patrona.

A expressão *coiffer Sainte Catherine* (pôr o chapéu ou a touca em Santa Catarina) significa em francês "ficar para tia". No 2º Distrito de Paris, todos os anos, no seu dia, centenas de moças solteiras se reúnem em sua igreja para festejá-la na esperança de casar. Depois da bênção, uma procissão vai até sua estátua, na esquina das ruas de Cléry e Petits-Carreaux, onde uma das *catherinettes*, em cima duma escada, põe a tradicional coroa na santa.

Data

A festa litúrgica de Santa Catarina, no dia 25 de novembro, foi retirada do Calendário Romano Geral em 1969, depois do Concílio Vaticano II, mas voltou aos missais da Igreja universal, a título de memória facultativa, no pontificado de João Paulo II. A última edição do Martirológio Romano registra na sua data: "Comemoração de Santa Catarina de Alexandria, virgem e mártir, da qual se diz que foi muito celebrada pela agudeza de inteligência e por sua sabedoria, além da grande força de espírito. Seus restos mortais são venerados no célebre mosteiro do Monte Sinai."

Etimologia

Catarina vem do grego Ekhatarina, derivado de *khataros*, puro. Em latim, Catharina. No português antigo, Caterina, como em italiano. Em espanhol, Catalina. Em francês, Catherine. Em inglês, Catherine e Katherine, com os diminutivos Cathy e Kate. Em alemão, Katrina. Em dinamarquês, Karen. Em russo, Yekaterina e Katya. Em galego, Catuxa.

Especialidade

Invocada para não morrer de repente e para obter a graça de uma boa morte, com o arrependimento dos pecados. Invocada também para dar boa aula ou fazer boa prova. Invocada quando se deseja andamento rápido nos processos judiciários e administrativos. Protege contra acidentes do trabalho, doenças da língua, doenças da pele, dermatoses, dores de cabeça, enxaquecas, gota, resfriados, erupções cutâneas, esterilidade, feridas, facadas, punhaladas, paralisia, problemas na fala e mordidas de cobra. Invocada pelas moças solteiras para casar. Invocada pelas mulheres grávidas quando há risco de aborto. Invocada pelas mães que estão amamentando, para ter muito leite, e pelas mães cujos filhos urinam na cama. É a protetora do amanhecer, entre quatro e cinco horas da manhã. Ajuda a localizar os afogados.

Patrocínio

Patrona dos advogados, afiadores de faca, afinadores de piano, agonizantes, amas de leite, amoladores, arquivistas, barbeiros, bibliotecários, carreteiros, carroceiros, ciclistas, cientistas, costureiras, editores, educadores, estudantes, fabricantes de cordas, fabricantes de rodas, fabricantes de selas, fiandeiras, filósofos, gráficos, juristas, lenhadores, marceneiros, mecânicos, moageiros, moleiros, modistas, namorados, náufragos, oleiros, oradores, pecadores, pregadores, prisioneiros, professores, mulheres solteiras, tecelões, teólogos, tabeliães, torneiros e trabalhadores em curtume. Padroeira da Itália.

Relíquias

O crânio e a mão esquerda estão expostos no Mosteiro de Santa Catarina, no sopé do Monte Sinai, no Egito. Segundo uma tradição que data do século XI, a abadia beneditina de Ruão, na França, conserva um de seus dedos num relicário. Um frasco de sangue, tido como autêntico, pode ser visto na igreja de Santa Catarina do Burgo, em Roma. Há relíquias também em Colônia e Nuremberg, na Alemanha.

Imagens

Representada como uma virgem com a coroa de princesa na cabeça. Na mão direita, uma espada. Na esquerda, a palma do martírio. Nos pés, uma roda quebrada. A espada e a roda lembram os instrumentos do suplício. Seus outros símbolos são um livro e o anel de noivado.

Superstições

A temperatura no dia de Santa Catarina serve de indicação, na Europa, para saber como será o tempo no inverno. No Tirol, o óleo de Santa Catarina é usado contra gota, resfriados, dificuldade de respirar, vermes intestinais e dores uterinas. Um figo cozido com esse óleo serve de ajuda contra a angina. Na Alemanha, esfrega-se o óleo no umbigo das crianças para combater os vermes. Na Hungria, se um homem solteiro enxuga o rosto com uma blusa de mulher na véspera do dia de Santa Catarina, vê nos sonhos a moça com quem vai casar.

Orixá

No sincretismo afro-brasileiro, Obá é o orixá que corresponde a Santa Catarina.

Topônimos

O estado de Santa Catarina, no Brasil, tem esse nome porque o navegador italiano Sebastião Caboto, a serviço do rei de Portugal, aportou no litoral catarinense no dia 25 de novembro de 1526.

Outras santas

Além de Catarina de Alexandria, há 23 santas com o seu nome no *Martyrologium Romanum*, com destaque para as seguintes: no dia 13 de fevereiro, Santa Catarina de Ricci, italiana, virgem, mística, morta em 1590;

em 9 de março, Santa Catarina de Bolonha, freira franciscana, pintora e calígrafa, morta em 1463; em 24 de março, Santa Catarina de Vadstena, sueca, viúva, filha de Santa Brígida, morta em 1381; em 1º de abril, Santa Catarina de Palma, espanhola, virgem, freira, morta em 1574; em 30 de abril, Santa Catarina de Sena, italiana, virgem, que também celebrou um casamento místico com o Cristo, morta em 1380; em 15 de setembro, Santa Catarina de Gênova, italiana, viúva, autora de um tratado sobre o purgatório, morta em 1510; e, em 28 de novembro, Santa Catarina Labouré, francesa, virgem, freira, a vidente da medalha milagrosa, morta em 1876.

Orações a Santa Catarina

Santa Catarina, virgem e mártir, dotada da sabedoria dos santos e defensora da verdade de Cristo, rogai por nós.

Oremos: Senhor, vós que vos dignastes a elevar Santa Catarina como exemplo de verdadeira sabedoria, concedei-nos que, por sua intercessão, possamos aprender a não nos apegar aos bens perecíveis deste mundo, e sim às coisas da eternidade. Por Jesus Cristo, Nosso Senhor, amém.

Santa Catarina, virgem e mártir, a quem Deus favoreceu com os dons do saber e da sabedoria, ajudai-me a obter a ciência da eterna salvação, a fim de que possa conhecer e amar a Deus, meu último e melhor destino. Ajudai-me também para que meu coração se volte para Jesus, a fim de que ele, depois de minha morte, possa mostrar-me para sempre sua misericórdia. Amém.

Ó Deus, que no alto do Monte Sinai destes a lei a Moisés e no mesmo lugar milagrosamente fizestes por vossos anjos colocar o corpo de Santa Catarina, vossa virgem e mártir, concedei, nós vos pedimos, que, por seus méritos e intercessão, possamos galgar o monte que é Cristo, o qual, sendo Deus, convosco vive e reina para sempre, amém.

Ó Santa Catarina, que sois a protetora contra os acidentes do trabalho, olhai por mim, que estou diariamente sujeito a inúmeros perigos. Defendei os membros do meu corpo para que possa sempre ganhar o pão com o suor do meu rosto. Por Cristo Nosso Senhor.

Santa Catarina, que aparecestes a Santa Joana d'Arc para guiá-la nos combates e fortalecê-la nas provações, vós que suportastes em nome de Cristo o suplício da roda, recebendo assim a palma do martírio, dignai-vos a atender a nossas súplicas a fim de que enfrentemos com coragem as dores que nos afligem e possamos delas nos curar, conforme a vontade de Nosso Senhor. Amém.

8 de agosto
SÃO CIRÍACO
contra as depressões

O imperador Diocleciano tinha uma filha chamada Artêmia, que, aos 20 anos, passou por uma depressão grave. A doença foi diagnosticada pelos médicos da corte como possessão diabólica. O próprio demônio, falando pela boca de Artêmia, disse que só sairia do corpo dela se fossem buscar, com urgência, na prisão, o diácono Ciríaco para expulsá-lo.

São Ciríaco era um dos milhares de cristãos obrigados a trabalhar na construção das Termas de Roma, cavando buracos, transportando terra e quebrando pedras. Por amor à filha, apesar de perseguir os cristãos, Diocleciano pediu-lhe que tentasse curá-la.

Levado ao quarto de Artêmia para exorcizá-la, Ciríaco ouviu do demônio o seguinte: "Se quiser que eu saia do corpo desta moça, dê-me outro recipiente no qual eu possa entrar." O exorcista fez-lhe um desafio: "Entre, então, no meu corpo, se for capaz." O diabo não conseguiu, porém, entrar no corpo de Ciríaco, que o expulsou, invocando o nome de Jesus.

São Ciríaco de Roma, diácono e mártir, morreu decapitado, na capital do império, por ordem de Maximiano, sucessor de Diocleciano, no dia 16 de março de 305, mas sua festa é comemorada a 8 de agosto, data em que os restos mortais foram trasladados por Santa Lucina para um cemitério cristão. O túmulo ficava entre o sétimo e o oitavo marco miliário da estrada de Roma para Óstia.

O nome de São Ciríaco figura na *Depositio Martyrum*, uma relação de mártires datada do ano 354, meio século depois da morte. Em homenagem a ele, os Quatorze Santos têm a festa anual no dia 8 de agosto, o que mostra o prestígio que desfrutava, na Idade Média, quando o grupo se formou.

Consta que estudou literatura e filosofia na adolescência. Teria substituído o pai como prefeito na Toscana. Sua conversão é atribuída à repulsa que sentiu ao presenciar o sacrifício de crianças e animais no templo do deus Marte, em Roma. Ao receber o batismo, demitiu-se do cargo, libertou os servos e distribuiu a herança aos pobres.

Ordenado diácono pelo papa Marcelino no ano 300, esteve preso duas vezes. A primeira, no reinado de Diocleciano, por ajudar os operários cristãos, que trabalhavam como escravos na construção das Termas de Roma. A segunda vez, quando o imperador Maximiano assumiu o trono. Foi decapitado na Via Salária, num lugar conhecido como Termas de Salústio, junto com São Largo, Santo Esmeraldo e mais 21 cristãos.

Diz a ata de sua paixão que sofreu três dias de torturas. Derramaram piche derretido em sua cabeça e deslocaram seus membros. Durante o suplício, em vez de lamentar-se, agradecia a Deus a honra do martírio, entoando um cântico de louvor: "Glória a vós, Senhor, que me julgais digno de sofrer em vosso nome."

São Ciríaco de Roma tinha o dom da cura. Alguns cegos que o procuraram no cárcere recuperaram a visão. Além desse milagre, são atribuídos a ele dois exorcismos. Por ter sido o primeiro santo a expulsar demônios, é o patrono dos exorcistas.

Lendas

Quando Diocleciano, já velho, cedeu a parte européia do seu império para o genro Maximiano administrar, o jovem herdeiro quis homenagear o sogro mandando levantar, no centro de Roma, um palácio de mármore, cujas ruínas são conhecidas, hoje, como as Termas de Diocleciano. Seus sucessores, Maximínio e Galério, concluíram a construção.

Milhares de cristãos trabalharam nessa obra em condições desumanas. Mal alimentados, no limite da exaustão, cavavam alicerces, quebravam pedras, transportavam água. Pode-se dizer que o complexo de piscinas e banheiros, com capacidade para 1.200 banhistas, foi edificado com o suor dos mártires.

Até então Diocleciano tinha sido condescendente com os cristãos. Tanto que, no seu reinado, alguns deles chegaram a exercer cargos na administração. É o caso do próprio Ciríaco, nomeado prefeito na Toscana, por morte do pai, Quinto Séssio. Nascido em uma família nobre, chamava-se Sexto Séssio antes do batismo. Para evitar problemas com as autoridades, o jovem cristão renunciou à carreira no serviço público.

Ao saber de suas obras de caridade, o papa ordenou-o diácono, com o encargo de cuidar, em Roma, dos cristãos necessitados. Ciríaco tomou, então, a iniciativa de confortar os operários das Termas. Era ajudado nesse trabalho pelos amigos Sisínio, Largo e Esmeraldo. Os quatro levavam comida aos trabalhadores, rezavam com eles e, na medida do possível, substituíam os mais fracos no serviço pesado.

Embora procedessem com discrição, acabaram sendo descobertos pelos fiscais da obra, quando um deles substituía São Saturnino, que, por ser velho demais, não conseguia cumprir suas tarefas. Quando chegaram à prisão, ouviu-se no céu uma voz que dizia: "Venham, benditos de meu Pai, venham possuir o reino que foi preparado para vocês desde o começo dos tempos."

O policial que os prendeu chamava-se Aproniano. Ao ouvir aquelas palavras, abandonou o serviço e pediu aos presos para ser batizado ali mesmo. Informados de sua conversão, seus superiores mandaram executá-lo, junto com São Saturnino e São Sisínio. Ciríaco, Largo e Esmeraldo, como eram jovens, foram poupados da morte a fim de trabalhar nas Termas com os cristãos que tinham ajudado até então.

No dia em que foi retirado do cárcere para exorcizar Artêmia, uma das filhas de Diocleciano, Ciríaco desafiou o demônio a entrar em seu corpo. Satanás não conseguiu, conforme disse: "Não posso entrar em você porque seu recipiente está bloqueado por Deus, mas fique sabendo que irá a Babilônia, dentro de pouco tempo, por minha causa."

Ao recobrar a saúde, Artêmia quis ser batizada, junto com sua mãe, que se chamava Serena. O pai ficou tão grato a Ciríaco que mandou libertar o diácono e seus dois amigos. Em sinal de reconhecimento, deu-lhes uma casa, no centro de Roma, que passou a funcionar como igreja clandestina. Num dos aposentos foi instalada uma pia batismal, em que o papa batizava os recém-convertidos.

A notícia da cura de Artêmia, espalhada de boca em boca, chegou às fronteiras do império. No mês seguinte, Diocleciano recebeu um emissário do rei da Pérsia, Sapor, pedindo que o diácono Ciríaco fosse a Babilônia para curar a princesa Jóvia, sua filha, possuída pelo mesmo demônio, o qual exigia, como da outra vez, a presença urgente do mesmo exorcista.

Ciríaco, Largo e Esmeraldo embarcaram para lá com tudo pago. Foi uma longa viagem por mar e por terra. Quando Ciríaco se defrontou pela segunda vez com o demônio, o inimigo infernal perguntou-lhe, falando pela boca da princesa: "Então, Ciríaco, você está muito cansado?" Ele negou: "Não estou cansado, não, porque tenho sempre, para me apoiar, aonde vou, o socorro divino." O demônio debochou: "De qualquer maneira, obriguei você a vir aqui." Ciríaco encerrou a conversa dizendo: "Por ordem de Jesus, saia desta moça." Satanás abandonou, então, o corpo de Jóvia, queixando-se: "Ó nome terrível que me obriga a ir embora!"

Diante do milagre, o rei da Pérsia e 430 cortesãos pediram para ser batizados. O reino inteiro se tornou cristão. Em agradecimento, Sapor ofereceu muitos presentes a São Ciríaco, que recusou qualquer donativo, dizendo que "os servos de Cristo usam de graça os dons recebidos de graça". Depois de um jejum de 45 dias, cumprido como penitência, os três amigos retornaram a Roma de navio.

Durante a viagem deles, morreu Diocleciano, tendo assumido o trono Maximiano, que era casado com Valeriana, irmã de Artêmia. Furioso porque a cunhada se convertera ao cristianismo, um dos seus seus primeiros atos como imperador foi condenar à morte Ciríaco, Largo e Esmeraldo, junto com 21 cristãos que trabalhavam nas Termas. São conhecidos os nomes de onze deles: Crescêncio, Sérgio, Secundo, Pictoriano, Faustino, Félix, Silvano, Mêmia, Juliana, Ciriacida e Donata.

Antes da execução coletiva, no dia 16 de março de 305, foram obrigados a desfilar, nus e acorrentados, à frente do carro imperial, nas ruas de Roma. O enterro se realizou no local do martírio, a Via Salária, conhecida como o Caminho do Sal.

Cinco meses depois, no dia 8 de agosto, a pedido de uma viúva chamada Lucina, o papa ordenou o traslado dos seus restos mortais para um cemitério cristão, na estrada de Óstia, junto ao jardim dessa mulher.

O juiz Carpásio, que presidiu à execução, recebeu como recompensa a casa de Ciríaco em Roma. Na sala onde o papa costumava batizar os convertidos, Carpásio passou a tomar banho. Até que, uma noite, quando se banqueteava com 19 amigos, a pia batismal soltou-se da parede, matando todos eles ao mesmo tempo.

Devoção

Não haviam se passado dez anos da morte de São Ciríaco e os primeiros mártires cristãos já eram venerados nas igrejas de Roma. O culto dos santos, como intercessores junto a Deus, havia sido adotado na cidade ao se encerrar a última grande perseguição.

São Ciríaco, no entanto, em pouco tempo caiu no esquecimento. Por volta do ano 535, quando ninguém mais se lembrava dele, em Roma, três irmãs, Estefânia, Teodora e Morotéia, descobriram seu túmulo, marcado por uma lápide, no antigo cemitério da Via Óstia, junto ao jardim de Lucina. Interpretando a casualidade como um desígnio da Providência, essas mulheres promoveram o solene traslado de seu crânio para o santuário que elas mesmas tinham acabado de construir no centro de Roma.

Uma junta de bois puxava a carruagem com a cabeça do São Ciríaco, seguida por uma multidão, na estrada, mas teve de parar três vezes devido a um fenômeno sem explicação: o peso repentino da relíquia, no carro que os bois não conseguiam arrastar, por mais que puxassem. Foi preciso que o povo, reunido em praça pública, por iniciativa do papa Agapito, rezasse durante horas a fim de que Deus permitisse a chegada ao destino.

O papa Honório I (625-638) mandou construir uma basílica em cima do túmulo na sétima milha da Via Óstia, perto de São Paulo Extramuros. Quando ela foi abandonada, no século IX, os ossos dos mártires tiveram como destino a igreja de Santa Maria *in Via Lata*.

O culto de São Ciríaco se espalhou fora da Itália por volta do ano 1000, na virada do milênio, com a dispersão de suas relíquias na Europa de língua alemã. No reinado do imperador Oto I, o Grande (962-973), a catedral de Bamberg recebeu um dos braços. No século seguinte, em 1049, o papa Leão IX autorizou que o outro braço fosse para a abadia beneditina de Altorf, na Alsácia, hoje província francesa, enquanto vários ossos eram doados a uma igreja de Neuhausen, perto de Worms.

A existência desses centros de peregrinação explica por que São Ciríaco é tão venerado até hoje pelos alemães. Em Wuersburguer comemora-se, no seu dia, a vitória dos cidadãos contra os condes, na batalha de Muehlberg, em 8 de agosto de 1266. Na região de Deisdeheim, onde os vinhateiros o escolheram para padroeiro, as primeiras uvas, a cada safra, são levadas para sua capela. Diz a lenda que ele apareceu, num inverno rigoroso, para oferecer bengalas aos que caminhavam ao relento na neve.

Acredita-se que seus restos mortais estão, hoje, em Roma, na igreja de Nossa Senhora dos Anjos, construída em meados do século XVI sobre as ruínas das Termas de Diocleciano. Um dos altares reúne, desde 1742, os ossos dos que trabalharam como escravos, quebrando pedras e carregando terra.

Há uma imagem de São Ciríaco na fachada da catedral de Chartres, na França, e vitrais com cenas de seu martírio podem ser vistos em outras duas catedrais: a de Friburgo, na Suíça, e a de Estraburgo, na França.

Data

Sua festa litúrgica, no dia 8 de agosto, não consta do Calendário Romano Geral desde 1969. O Martirológio Romano diz nessa data: "Comemoração dos santos mártires Ciríaco, Largo, Crescêncio, Mêmia, Juliana e Esmeraldo, sepultados na sétima milha da Via Óstia, em Roma."

Etimologia

O nome Ciríaco vem do grego *kyriakós*, que significa pertencente ao Senhor. Em latim e em alemão, Cyriacus. Em inglês, Cyriack. Em francês, Cyriaque e Quiriace. Em italiano e espanhol, Ciriaco.

Especialidade

Invocado contra as depressões, as obsessões e os distúrbios nervosos. Invocado, com São Dinis, contra as influências malignas, a possessão diabólica e as tentações do demônio, sobretudo na hora da morte. Invocado contra as doenças dos olhos e os problemas na vista, junto com Santa Luzia, Santa Clara e São Cristóvão. Invocado ainda contra o reumatismo e as dores nas pernas ou nos braços.

Patrocínio

Patrono dos exorcistas e dos produtores de vinhos. Protetor dos cegos, dos torturados, dos deprimidos, dos sem-terra, dos que caminham na neve, dos condenados a trabalhos forçados e daqueles cuja profissão exige trabalho corporal pesado.

Relíquias

A igreja de Nossa Senhora dos Anjos, em Roma, conserva a maior parte de suas relíquias. Um braço está na catedral de Bamberg, na Alemanha, e o outro na abadia beneditina de Altorf, na Alsácia francesa. Há relíquias também em Neuhausen, perto de Worms, na Alemanha.

Imagens

Representado como diácono, com a espada em uma mão e a palma do martírio na outra. A seus pés, um dragão acorrentado, símbolo do demônio que venceu duas vezes.

Superstições

Em Neuhausen, na Alemanha, as crianças doentes ou fracas bebem a água de São Ciríaco para ficar robustas, e seus pais dão aos pobres o peso delas em cereais.

Santos homônimos

São Ciríaco de Roma é confundido pelos devotos, em alguns lugares, com São Ciro ou Círico, festejado em 16 de junho. Este sofreu o martírio em 305, na cidade de Tarso, na Ásia Menor, aos 3 anos de idade, junto com a mãe, Santa Julita. Entre os santos do mesmo nome destaca-se São Ciríaco, bispo de Jerusalém, conhecido como Judas Ciríaco, morto em Ancona, na Itália. Há também São Ciríaco Elias Chavara, sacerdote indiano que morreu na Índia em 1871.

Orações a São Ciríaco

Senhor Jesus, que, para manifestar às nações idólatras o poder de vosso nome, concedestes a São Ciríaco o poder de expulsar os demônios, defendei-nos contra as ciladas do inimigo infernal, a fim de que, depois de haver derrotado o mundo e o pecado, mereçamos possuir-vos durante a eternidade. Assim seja.

São Ciríaco, diácono e mártir, que gloriosamente derrotastes os poderes do inferno, rogai por nós, pecadores.

Oremos: São Ciríaco, glorioso vencedor de Satanás, rogai a Deus por nós a fim de que possamos obter a graça de afastar as ciladas do demônio. Por Cristo, Nosso Senhor, na unidade do Espírito Santo, amém.

Glorioso São Ciríaco, que em vosso ardente amor a Jesus amastes o próximo por amor a Deus com auto-sacrifício e servistes a ele, mesmo ao custo da própria vida, alcançai para nós o verdadeiro amor ao próximo e mostrai-nos o poder que Deus vos deu contra a influência do inferno. Pondo em fuga o inimigo de nossas almas, ajudai-nos a combatê-lo e a derrotá-lo na vida e na morte. Amém.

~

São Ciríaco, glorioso mártir e vencedor do inimigo infernal, ajudai-nos a combatê-lo vitoriosamente e com perseverança. Protegei-nos da cegueira do corpo e muito mais ainda da cegueira do espírito, evitando o endurecimento do coração, para não nos afastarmos jamais do estreito caminho da virtude. Amém.

~

Ó Deus, que nos alegrais com a festa anual de vossos santos mártires Ciríaco, Largo e Esmeraldo, concedei, benigno, que também imitemos no martírio a fortaleza daqueles cuja data celebramos. Por Jesus Cristo, Nosso Senhor, amém.

25 de julho
SÃO CRISTÓVÃO
para fazer boa viagem

Era uma vez um gigante que foi morar numa cabana à beira de um rio a fim de ajudar as pessoas a atravessá-lo. Certa manhã, apareceu à sua porta um menino que lhe pediu para ser levado ao outro lado. O gigante fez como de costume. Suspendeu a criança nos ombros, pegou sua bengala e começou a travessia, mas a correnteza estava muito forte, a água subia a cada instante, e o menino, embora pequeno, pesava muito, pesava como chumbo.

No meio do rio ele teve medo de se afogar. Só a muito custo, já cansado, chegou à outra margem. Ao pôr o menino no chão, o gigante se queixou do perigo pelo qual tinham passado: "Puxa, meu filho! Você pesa tanto que me pareceu estar levando o mundo nas costas." A criança concordou, sorrindo: "Cristóvão, não se espante com meu peso. Na verdade, você carregou não só o mundo como aquele que criou o mundo e todas as coisas."

Foi depois desta conversa com o Menino Jesus que o gigante passou a se chamar Cristóvão, nome que significa aquele que leva o Cristo.

Nada se sabe com precisão histórica sobre a vida de São Cristóvão, a não ser que houve um mártir com esse nome, na Ásia Menor, em meados do século III ou no início do século IV. Há duas lendas a esse respeito: uma de origem grega e a outra de origem latina, que divergem quanto à época e aos lugares onde o mártir nasceu e morreu.

Ao registrar sua festa no dia 25 de julho, o Martirológio Pseudo-Jeronimiano diz que ele sofreu o martírio no reino da Lícia, em 250, durante a perseguição do imperador Décio. O reino da Lícia, província romana, era situado no litoral sul da atual Turquia.

A narrativa mais antiga, em latim, sobre esse martírio data do século VIII. Descreve São Cristóvão como um homem de estatura gigantesca, originário da Cananéia, na Palestina. Convertido por um bispo de Antioquia, pregou o Evangelho na Lícia, batizando um número extraordinário de pagãos.

Seu nome, antes do batismo, seria Adóquimo ou Réprobo. A *Legenda Áurea* lhe atribuiu uma série de aventuras que culminam com a travessia de um rio, durante a qual carrega o Menino Jesus nos ombros. Seu novo nome, Cristóvão, tem significado místico: carregar o corpo de Cristo simboliza o mistério da Eucaristia.

Não se sabe como a lenda surgiu na Idade Média. Alguns acham que o nome Cristóvão inspirou a história. Outros que a imagem visual do santo, com a criança nos ombros, sugeriu o tema.

Na versão grega, diferente da latina e anterior a ela, São Cristóvão teria nascido no norte da África, onde hoje é a Líbia. Seria um canibal, recrutado à força para a guarnição romana da Síria, por volta de 301 ou 302, no reinado de Diocleciano. Estava exilado na Síria um bispo de Alexandria que o converteu à fé cristã. Dizem os gregos que o jovem soldado sofreu o martírio, em Antioquia, seis anos depois, no dia 9 de julho de 308. Antioquia ficava onde hoje é a cidade de Antakya, no sul da Turquia.

Lendas

Tudo é exagerado no que se conta de São Cristóvão, a começar por sua estatura colossal: 12 côvados de altura, segundo Tiago de Voragine. Se fosse verdade, seriam 7,90 metros exatamente. Ele era capaz, segundo essa versão, de dar a volta ao mundo em 24 pernadas.

São Cristóvão teria nascido em Tiro ou Sidônia, onde hoje é o Líbano, filho de um rei pagão de Canaã ou da Arábia, cuja mulher, até então estéril, rezou à Virgem Maria para conseguir engravidar. O bebê recebeu, no nascimento, o nome grego de Adóquimo ou Adócimo. Na forma latina, Réprobo, que significa condenado. Outros dois nomes lhe são atribuídos pelos gregos: Ofero e Relicto.

Já na infância o menino surpreendeu os pais pela rapidez com que crescia. Tornou-se, muito cedo, um gigante. Tinha cara feia, olhar terrível, aparência assustadora, força excepcional. Parecia o deus Hércules em pessoa.

Educado para a guerra, lutou contra os persas e sonhava com grandes batalhas. Quando servia ao rei de seu país, ocorreu-lhe a idéia de pôr-se a serviço do homem mais corajoso que houvesse — se possível o rei da Terra. Saiu, então, mundo afora, à procura desse potentado.

Seu segundo senhor foi um rei, do qual diziam que nenhum outro se igualava em coragem e poder. Ele o acolheu com benevolência e o alojou no palácio. Certa noite, porém, quando um menestrel cantava para a corte, o gigante observou que o grande rei se encolhia, com medo, toda vez que ouvia, numa canção, o nome do Diabo.

Foi uma decepção para o gigante. O Diabo, nesse caso, seria mais poderoso do que seu rei. Réprobo se despediu, saindo à procura do demônio. Até que, um dia, no deserto, cruzou com um pequeno exército, cujo chefe, um homem feroz, indagou com raiva aonde ele ia. O gigante respondeu que estava procurando o Diabo para oferecer-lhe seus serviços. O outro se identificou: "Eu sou aquele que você procura. Está contratado."

Dias depois, Réprobo teve outra decepção. Ao passarem por uma pequena cruz, à beira da estrada, seu novo senhor fugiu apavorado, tomando um atalho estreito. Como o gigante estranhasse aquele desvio repentino, o Diabo explicou: "É que um homem chamado Cristo morreu numa cruz. Desde então, toda vez que vejo alguma cruz, evito passar perto."

Réprobo concluiu que o homem mais poderoso de todos seria o Cristo crucificado, do qual nunca tinha ouvido falar, e passou a procurá-lo. Depois de perguntar por ele a muita gente, encontrou um eremita que lhe deu uma pista de como achá-lo.

Não muito longe de onde estavam, havia um rio caudaloso, em cuja margem deveria ficar de prontidão, dia e noite, para ajudar as pessoas a atravessá-lo. O eremita lhe disse: "Se fizer isso, de graça, por amor a Cristo, seu trabalho anônimo será agradável a ele, que se manifestará a você mais cedo ou mais tarde."

Foi o que aconteceu no dia em que transportou, nos ombros, sem saber, o Menino Deus. Ao chegar, esbaforido, à outra margem do rio, ouviu daquela criança a revelação que mudou sua vida: "Cristóvão, eu sou Jesus Cristo, a quem você, a partir de agora, há de servir."

Nessa conversa, o gigante foi advertido de que, para chegar ao paraíso, haveria de passar primeiro pelo martírio. Sendo assim, não é de admirar que a segunda parte da lenda tenha grande semelhança com a história dos outros mártires dos primeiros séculos.

Cristóvão, que estava no reino da Lícia, dirigiu-se à cidade mais próxima, Samos, onde não conseguiu entender a fala dos habitantes. Só depois que o Espírito Santo lhe concedeu o dom das línguas, pôde confortar os cristãos de Samos, torturados em praça pública.

Dagno, o rei da Lícia, que perseguia os cristãos, mandou buscar o recém-chegado. Quando duzentos soldados vieram prendê-lo, Cristóvão enterrou no chão sua bengala, que floresceu e frutificou, transformada numa grande palmeira com ramos, flores e tâmaras. Mais de mil homens e mulheres que assistiram ao milagre converteram-se à fé cristã.

Cristóvão foi levado ao palácio. Ao ver aquele homem enorme entrar no salão das audiências, o rei assustou-se e caiu do trono. Depois que os servos o ajudaram a levantar-se, perguntou ao recém-chegado: "Quem é você?" Como resposta ouviu o seguinte: "Antes do batismo, eu era rejeitado, me chamavam Réprobo. Agora me chamo Cristóvão, sou portador de Cristo."

Impressionado com a estatura dele, o rei da Lícia quis contratá-lo para seu exército. Ofereceu-lhe presentes e honrarias, contanto que adorasse os ídolos. Tudo em vão.

No dia seguinte, nova tentativa. Dagno encaminhou à cela, onde o santo estava preso, duas prostitutas muito bonitas, as irmãs Nicéia e Aquilina, que não conseguiram seduzi-lo. Foram elas, ao contrário, que se converteram à religião cristã. O Martirológio Romano menciona a festa de Santa Nicéia e Santa Aquilina no dia 24 de julho, véspera de São Cristóvão.

O rei deu ordens, então, para Cristóvão ser espancado com vergas de metal. Os soldados meteram sua cabeça num capacete de ferro em brasa. Acenderam uma fogueira embaixo do banco onde estava sentado. Nada adiantou.

O santo foi amarrado num poste para morrer. Quatrocentos arqueiros lançaram flechas contra ele. Nenhuma o atingiu. As flechas paravam no ar, perto do alvo. Quando o rei se aproximou para ver o que estava acontecendo, uma das flechas retornou, atingindo seu olho. Dagno ficou cego. Com pena do rei, Cristóvão lhe prometeu: "Amanhã, quando eu morrer, passe meu sangue nos seus olhos, invocando o nome de Deus, que você há de recuperar a visão."

Cristóvão foi decapitado na manhã seguinte. Segundo a lenda, antes de morrer, pediu a Deus que fossem sempre atendidas as orações dos que recorrerem à sua intercessão. Pediu especialmente que seus devotos sejam protegidos contra o demônio, o granizo, a peste e a fome.

Morto o santo, o rei pegou um pouco de seu sangue, fez lama e passou nos olhos, dizendo: "Em nome de Deus e de São Cristóvão!" Em poucos segundos estava curado da cegueira e convertido.

A versão grega dessa lenda difere em tudo, menos no martírio. São Cristóvão teria nascido no norte da África, numa região que corresponde à Líbia, habitada nos séculos III e IV pelos marmaritas, uma tribo de canibais. Os marmaritas eram conhecidos como cinocéfalos, termo grego que significa cara-de-cachorro, para indicar que eram muito feios. Alguns autores vêem nisso a influência do deus egípcio Anúbis. Outros acham que, pelo fato de ser um homem da Cananéia (*canineus* em latim), a lenda lhe atribuiu aspecto canino, com o nariz alongado em forma de focinho.

No final de 301 e início de 302, durante o reinado de Diocleciano, houve de fato uma expedição romana contra os marmaritas. São Cristóvão teria sido capturado pelos soldados invasores e levado como recruta para uma guarnição romana perto de Antioquia. Um bispo egípcio chamado Pedro, refugiado na Síria, converteu o jovem soldado, que por sua vez catequizou os companheiros de farda, antes de sofrer o martírio em 308. O tal bispo teria enviado os restos mortais de Cristóvão para sua terra natal, no norte da África, de onde seguiram mais tarde para a Península Ibérica.

Essa história, cujo texto original se perdeu, é atribuída a um cristão indiano, chamado Teófilo, que teria vivido em Antioquia em meados do século IV. Há suspeitas de que copistas gregos tenham confundido o soldado da tribo dos marmaritas com um mártir egípcio, que morreu na Síria à mesma época. O nome Cristóvão era, até então, um termo genérico, usado para designar qualquer cristão.

Devoção

No final do século IV já se festejava São Cristóvão no dia 25 de julho. A mais antiga lista de mártires, em forma de calendário, o martirológio atribuído a São Jerônimo, diz nessa data: "Na Lícia, durante o reinado de Décio, São Cristóvão, mártir, foi dilacerado com vergas de ferro e preservado da violência do fogo pelo poder de Jesus Cristo, sendo por fim alvo de flechas e decapitado."

No prefácio que escreveu para a missa de 25 de julho, Santo Ambrósio, bispo de Milão (340-397), elogia a pregação de São Cristóvão na Lícia: "O Senhor cumulou Cristóvão com tantas virtudes e graças que ele afastou 48 mil homens do erro pagão, trazendo-os todos para o dogma cristão."

Embora Santo Ambrósio e o Martirológio Pseudo-Jeronimiano apontem a Lícia como local do martírio, o Museu Britânico conserva um manuscrito siríaco, com o título "Atas de São Cristóvão, martirizado sob Décio", que lhe atribui a conversão da Síria, onde teria morrido.

Uma inscrição em pedra, com data de 452, achada nas ruínas de Nicomédia, hoje Izmit, indica a existência de uma basílica de São Cristóvão, perto de lá, na Bitínia, região que corresponde ao litoral norte da atual Turquia. Sua construção começou em 450 por iniciativa do bispo Eulálio, da Calcedônia A igreja foi inaugurada em 22 de setembro de 452.

A mais antiga representação iconográfica de São Cristóvão de que se tem conhecimento está no Mosteiro de Santa Catarina, que o imperador Justiniano (527-565) mandou construir no Monte Sinai com o nome de Mosteiro da Transfiguração. Um dos signatários do Concílio de Constantinopla, reunido em 536, foi um monge chamado Fotino, procedente de um Mosteiro de São Cristóvão, localizado na Calcedônia, que ficava no lado asiático do Bósforo, na Bitínia.

O culto chegou à Europa no século VI, quando havia um mosteiro de São Cristóvão em Taormina, na Sicília, mencionado nos escritos de São

Gregório Magno (540-604). São Remígio foi sepultado, em 532 ou 533, numa capela de São Cristóvão, em Reims, na França. Um breviário-missal dessa época, atribuído a Santo Isidoro de Sevilha (540-636), contém um ofício litúrgico para o 25 de julho, cujo hino se refere à estatura do santo gigante.

A lenda grega de São Cristóvão, que remonta ao século VI, só foi conhecida na França em meados do século IX. Cem anos depois, em 983, na Alemanha, o bispo Gualtério de Espira (Walter von Speyers) traduziu o texto para o latim no seu livro *Thesaurus anecdotorum novissimus* em prosa e verso.

Igrejas de São Cristóvão foram construídas, por toda parte, na Europa, ao longo do século X. Era grande a devoção em Veneza e nas cidades às margens do Reno e do Danúbio, cujas populações recorriam a ele, toda vez que começava uma grande inundação ou havia ameaça de degelo.

Segundo um santo espanhol, São Vicente Ferrer (1350-1419), a peste que devastou Valença, na Espanha, no século XIV, foi contida graças à intercessão de São Cristóvão. Ele era conhecido, junto com São Roque, São Sebastião e Santo Antão, como um dos santos que evitam epidemias.

Durante a peste negra, suas medalhas foram distribuídas aos doentes como amuleto. Acreditava-se na Idade Média que São Cristóvão protege os devotos contra a morte súbita ou morte má, assim chamada por não dar tempo de o doente receber os últimos sacramentos.

Com base nessa crença, todo aquele que visse, de manhã, uma imagem dele não sofreria nenhum mal ao longo do dia. Quadros de São Cristóvão eram, por esse motivo, pregados à porta das catedrais, no lado sul, com a inscrição em latim *Christophorum videas, postea tutus eas*, que significa: "Olhe para São Cristóvão e vá tranqüilo." Estátuas com dez metros de altura foram erguidas nas estradas, nas pontes e na entrada das cidades, a fim de proteger de qualquer perigo os viajantes e peregrinos.

Em Valença, na Espanha, sua festa é celebrada até hoje no dia 10 de julho para comemorar a conversão coletiva de sete mil judeus espanhóis, a quem o santo teria aparecido diversas vezes em 1391.

A popularidade dele arrefeceu, no século XVI, com a Reforma Protestante e a Contra-Reforma. Erasmo de Roterdã criticou seu culto, no *Elogio da Loucura*, como sendo pura superstição. Autores renascentistas disseram que a lenda do gigante cristão nada mais seria do que uma transposição do mito grego de Hércules carregando Eros.

O Concílio de Trento chegou a aconselhar que suas imagens gigantescas fossem destruídas. Na entrada de Berna, na Suíça, um grande São Cristóvão de granito foi transformado na estátua de Golias pela população protestante. A estátua que existia, desde 1468, em frente à catedral de Notre Dame, em Paris, foi retirada em 1784, antes da Revolução Francesa. A estátua de Amiens, no entanto, continuou de pé.

A devoção voltou à moda com as viagens de automóvel e de avião, no século passado, quando São Cristóvão se tornou o patrono dos motoristas e aeroviários. Muitos automobilistas, em países protestantes, mesmo não sendo católicos, andam com uma medalha de São Cristóvão no chaveiro ou no painel do carro. Se na Idade Média era invocado pelos peregrinos antes de enfrentar uma rota difícil e perigosa, agora protege os automobilistas contra acidentes rodoviários. Com essa intenção, há uma estátua dele no marco zero da Via Dutra (Rodovia Presidente Dutra, BR-116), principal saída do Rio de Janeiro.

Conta-se que, em meados de 1905, a rainha da Itália, Margarida de Sabóia, viajava numa estrada do Vale d'Aosta, quando pastores apedrejaram seu carro, quebrando os faróis. Era de noite e o motorista não conseguia ver o caminho. A rainha recorreu a São Cristóvão, cuja medalha usava no pescoço. O carro desgovernado parou à beira de um precipício. Agradecida, Margarida de Sabóia fez campanha para que ele fosse adotado oficialmente como patrono dos motoristas.

No ano de 1933, em Paris, um monumento a São Cristóvão foi erguido no subúrbio de Javel, perto das grandes fábricas de automóveis. Uma pesquisa feita na França, nos anos 90, revelou que é o santo preferido dos franceses, seguido de Santo Antônio e Santa Teresinha.

Poetas modernos, como o espanhol García Lorca, lhe dedicaram versos. Sem esquecer que, em Portugal, o romancista Eça de Queirós escreveu uma vida imaginária de São Cristóvão, publicada em 1910, dez anos depois de sua morte, no livro *Últimas Páginas*, reeditado em 2002 com o título *Vidas de Santos*. É uma novela de 117 páginas que começa assim: "Um dia, numa floresta, ao entardecer, quando, por sob as frondes, ressoavam as buzinas dos porqueiros..."

Quando a Santa Sé retirou sua festa do calendário litúrgico, em 1969, por suspeitar que ele não existiu, houve protestos nos países católicos. Sobretudo na Itália, onde artistas famosos encabeçaram um abaixo-assinado pedindo que a comemoração fosse mantida na Igreja universal.

Data

O dia de São Cristóvão não está mais no Missal Romano. Com a reforma do calendário litúrgico, a comemoração do dia 25 de julho ficou restrita às dioceses e paróquias onde é padroeiro. Os espanhóis antecipam a festa para 10 de julho, a fim de não coincidir com a de São Tiago. No Oriente é festejado em 9 de julho. O Martirológio Romano, em 25 de julho, diz apenas o seguinte: "Comemoração de São Cristóvão, mártir na Lícia."

Etimologia

Cristóvão vem do grego Christophoros: aquele que carrega Cristo. Em latim, Christophorus. Em alemão, Christopherus. Em espanhol,

Cristóbal. Em italiano, Christoforo. Em francês, Christoph, Chistophe e Christol. Em inglês, Christopher, com o diminutivo Kitts.

Especialidade

É o protetor dos viajantes contra todo tipo de perigo, evitando acidentes de viagem, acidentes de carro, acidentes aéreos, naufrágios, afogamentos, raios, trovões, incêndios, granizo, seca, tempestades, inundações, terremotos, calamidades públicas, fome e medo. Invocado contra dores de dentes e nas doenças dos olhos. Invocado pelos pais das crianças que custam a crescer ou não conseguem andar. Invocado contra a peste bubônica, as doenças infecto-contagiosas e as epidemias, assim como na asma, na epilepsia, nas cólicas e nas dores do parto. Invocado para alcançar sucesso e prosperidade. Invocado ainda contra o demônio nos momentos de tentação. Protege contra a morte súbita e a impenitência final. Protege também os agonizantes e doentes terminais.

Patrocínio

É o protetor dos cavalos, automobilistas, taxistas, motoristas de ônibus, caminhoneiros, navegantes, marinheiros, ferroviários, ascensoristas, caçadores de tesouros, carteiros, mensageiros, caixeiros-viajantes, peregrinos e turistas. Patrono ainda dos solteiros, dos esportistas, dos montanhistas e dos atletas. Também dos arqueiros, barqueiros, aguadeiros, carpinteiros, carregadores, descarregadores, encadernadores, jardineiros, fruteiros, porteiros e transportadores. Padroeiro da Lituânia, da cidade de Havana, capital de Cuba, e da ilha de Rab, na Croácia.

Relíquias

Suas relíquias estão espalhadas na Europa. A começar pela Espanha, que conserva um braço em Santiago de Compostela, uma mandíbula em Astorga e outros ossos em Toledo e Valença. As relíquias teriam chegado lá no ano 258, pouco depois do martírio. O pé esquerdo, venerado durante mil anos em Constantinopla, foi levado por um sacerdote grego para Corfu, na Grécia, em 1459, durante o cerco da cidade pelos turcos, e está, hoje, numa igreja da Croácia. Na França há relíquias no santuário de Lay-Saint-Christophe, perto de Nancy, na Lorena, conhecido por sua romaria de epiléticos, e no de Saint-Christophe-le-Jajolet, na Normandia, onde se celebra, todo ano, no dia 25 de julho, a bênção dos automóveis. Cinco igrejas de Roma se orgulham de possuir suas relíquias. Na Itália, elas estão ainda em Nápoles, Veneza, Ravena, Brindisi, Verona, Rossano, Milão e Bolonha. Igrejas da Alemanha e da República Tcheca fazem parte da lista. A igreja de Trinitá della Cava, em Sorrento, na Itália, conserva uma pedra em que suas pegadas estariam impressas.

Imagens

Representado como um gigante barbudo, com um galho de árvore na mão e o Menino Jesus nos ombros, atravessando um rio. Tem, nos ícones bizantinos, uma cabeça de cachorro.

Superstições

Os devotos de São Cristóvão acreditam que invocá-lo ajuda a achar tesouros escondidos e acertar nas loterias.

Topônimos

Dois municípios no Brasil têm seu nome: São Cristóvão, em Sergipe, e São Cristóvão do Sul, em Santa Catarina. A ilha de Saint Kitts, nas Antilhas, que faz parte da Federação de Saint Kitts e Nevis, independente desde 1983, chama-se assim em sua homenagem: Cristóvão Colombo descobriu o arquipélago no seu dia em 1493.

Santos homônimos

Há 13 santos com o nome Cristóvão. Os mais conhecidos: no dia 27 de abril, São Cristóvão, o Bárbaro, que sofreu o martírio, com 700 companheiros, em Antioquia, durante o reinado de Décio; no dia 23 de agosto, São Cristóvão de Córdova, martirizado, junto com São Leovigildo, na Espanha, em 852, durante o califato de Maomé I; no dia 26 de setembro, São Cristóvão da Guarda, menino mártir, raptado aos quatro anos de idade por judeus de uma seita de Toledo, na Semana Santa de 1491; e, no dia 17 de dezembro, São Cristóvão de Collesano, eremita da Sicília, falecido por volta de 941, pai de dois santos, Macário e Saba.

Orações a São Cristóvão

São Cristóvão, poderoso protetor dos viajantes contra os perigos em terra, no mar e no ar, rogai por nós.

Oremos: ó Deus, ouvi a prece de Cristóvão, santo e mártir, e protegei a nós, peregrinos neste mundo, contra o granizo, a tempestade, o fogo, a inundação, a peste e a fome, livrai-nos das ciladas do demônio e da morte despreparada e nos conduzi com segurança ao porto da eterna bem-aventurança. Amém.

Ó São Cristóvão, modelo dos cristãos, que admiramos pela perseverança em procurar a verdade: ela vos fez encontrar o Cristo; admiramos vossa coragem inquebrantável nos suplícios cruéis que suportastes pela fé; admiramos vossa caridade em favor do próximo, nas necessidades do corpo e da alma. Concedei-nos, nós vos suplicamos, a graça de imitar-vos na fidelidade a Cristo e a graça de merecer vossa especial proteção. Vós o prometestes aos que vos recorressem nas necessidades; vós mostrastes o poder de vossa intercessão por numerosos milagres; ajudai-nos em nossas viagens, nas doenças e nos perigos. Protegei-nos, tomai nossa causa em vossas mãos, salvai-nos no tempo e na eternidade. Amém.

Sagrado mártir, São Cristóvão, vós, que procurastes sempre o mais forte e o mais poderoso, tendo finalmente encontrado Jesus Cristo, a quem servistes com fidelidade até a morte, alcançai para mim, junto ao trono de Deus, a graça de apoiar a Cristo no meu coração como o carregastes nos ombros, a fim de que me torne tão forte nele que nem as tentações do mundo ou da carne nem os poderes do inferno possam prevalecer contra mim.

Por intercessão de vosso mártir, São Cristóvão, dai-me, ó Deus, firmeza e vigilância no volante, para que eu chegue a meu destino sem acidentes. Protegei os que viajam comigo. Ajudai-me a respeitar a todos e a dirigir com prudência. Por Jesus Cristo, Nosso Senhor, na unidade do Espírito Santo, amém.

9 de outubro
SÃO DINIS
contra as enxaquecas

São Dinis foi executado em praça pública, na colina de Montmartre, em Paris, diante de uma multidão. Diz a lenda que, ao ser degolado, ele se levantou, apanhou a própria cabeça e, com ela nas mãos, abriu caminho entre as pessoas que assistiam à execução. Precedido por um anjo, teria caminhado duas léguas, em triunfo, até o lugar onde entregou a cabeça a Santa Catula, que providenciou para o cadáver um enterro cristão.

São Dinis é um dos santos cefalóforos. Dava-se esse nome, na Antiguidade, aos mártires que levaram ao cemitério, depois de mortos, a cabeça decepada. Quando morreu, ouviu-se, na colina de Montmartre, uma música celestial, entoada pelos anjos. Ao escutar essa melodia, na multidão, uma mulher chamada Laércia, casada com o prefeito Lísbio, declarou-se cristã e pediu para ser decapitada também.

São Dinis, nascido na Itália, primeiro bispo de Paris, morreu não muito longe de sua sede diocesana, durante a perseguição de Décio (249-251) ou mais provavelmente na de Valério (257-258).

Por volta do ano 250, o papa Fabiano tinha enviado sete bispos à Gália, como missionários, para evangelizar os pagãos. Um deles, São Dinis ou São Dionísio, instalou sua missão numa pequena ilha do rio Sena, em Paris, ainda conhecida por seu antigo nome, Lutécia.

A pregação de São Dinis foi tão bem recebida que grande parte da população se converteu. O batismo em massa dos parisienses despertou a ira das autoridades romanas. O governador da província, Fescenino Sisínio, mandou prendê-lo. Submetido a processo sumário, São Dinis foi condenado à morte. Escapou às feras, ao fogo e à crucifixão, mas teve a cabeça decepada.

Seu corpo teria sido jogado pelos soldados romanos no rio Sena, onde uma mulher chamada Catula conseguiu recuperá-lo para lhe dar sepultura cristã num lugar que se chama Saint-Denis em sua homenagem. Antigos martirológios dão o dia 9 de outubro como data do enterro e dizem que teve dois companheiros de martírio: o presbítero Rústico e o diácono Eleutério.

São Dinis está citado na *Vida* de Santa Genoveva (420-500), obra de autor anônimo, escrita no início do século VI, e na *História dos Francos* de Gregório de Tours (539-594). Foi Santa Genoveva, sua grande devota, que mandou construir, entre 475 e 495, uma igreja em cima de seu túmulo, em Saint-Denis, ao norte do rio Sena. Por volta de 630, o rei Dagoberto fundou, em Saint-Denis, junto a essa igreja, um mosteiro onde seriam enterrados, ao longo dos séculos, os reis da França.

Em 635, um abade chamado Hilduíno dirigia esse mosteiro. Hilduíno, que escreveu o livro *Areopagítica*, é responsável pela difusão de uma estranha lenda, segundo a qual três pessoas distintas que viveram em séculos diferentes foram reunidas num único santo: Dionísio Areopagita, o Pseudo-Dionísio e o próprio São Dinis. Dionísio Areopagita, convertido por São Paulo, primeiro bispo de Atenas, viveu no século I, tendo sofrido o martírio, no ano 90, durante a perseguição de Domiciano. Pseudo-Dionísio, conhecido como o Místico, escreveu, no século V, dez epístolas e quatro tratados sobre o misticismo cristão. Ao passo que São Dinis, apóstolo da Gália, bispo de Paris, de origem italiana, tem sua existência comprovada no século III.

Por causa de Hilduíno, durante setecentos anos, houve dificuldade para distinguir na biografia de São Dinis o que pertence a Dionísio Areopagita e ao Pseudo Dionísio. Apesar de inverossímil, a versão difundida pelo abade de Saint-Denis foi adotada por Tiago de Voragine na *Legenda Áurea*. Para aumentar a confusão, o papa Inocêncio III trasladou da Grécia para a basílica de Saint-Denis, em 1215, as supostas relíquias de Dionísio, o Areopagita.

Lendas

Quando São Paulo chegou a Atenas, no ano 51 da era cristã, para pregar o Evangelho aos gregos, foi recebido no Areópago, um conselho que reunia os sábios da Grécia. Dionísio, o Areopagita, era membro desse conselho. Ele assistiu ao famoso discurso em que o apóstolo disse: "Estou aqui para anunciar a existência daquele Deus que vocês adoram sem conhecer. É o único Deus verdadeiro." São Paulo se referia aos altares com a inscrição *Ao Deus desconhecido* que havia em alguns templos de Atenas.

Nascido no ano 9 depois de Cristo, o Areopagita pertencia à aristocracia ateniense. Sua família era uma das mais ilustres da Grécia. Depois de estudar retórica e filosofia, ganhou a alcunha de Dionísio, o Teósofo, por ser um estudioso da natureza divina.

Aos 20 anos, viajou ao Egito com a intenção de aprender matemática e astrologia. Estava em Heliópolis no dia em que houve o eclipse solar da Paixão de Cristo. Conta-se que, durante as trevas, teve a consciência de que testemunhava um fenômeno sobrenatural, fazendo o seguinte comentário: "Sendo hoje dia de lua cheia, não há nenhum corpo celeste entre a Terra e o Sol. Portanto, ou morreu o Deus da natureza ou o mundo em que vivemos está prestes a acabar."

De volta a Atenas foi eleito para o Areópago, onde se converteu ao cristianismo depois de ouvir São Paulo discursar na tribuna. Ordenado sacerdote, sacrificou o emprego, a riqueza, as amizades e o prestígio social para seguir a doutrina de Cristo. Está citado no capítulo XVII, versículo 34, dos Atos dos Apóstolos.

São atribuídos ao Areopagita, por engano, quatro livrinhos que influenciaram a doutrina mística da Idade Média: *Hierarquia Celeste, Teologia Mística, Hierarquia Eclesiástica* e *Os Nomes Divinos.* Essas obras, hoje se sabe, foram escritas, quinhentos anos mais tarde, por um monge desconhecido que viveu na Síria no século V. O autor assumiu o nome do Areopagita como pseudônimo. Sua teologia se baseia na crença de que o homem só alcança o supremo saber, que é Deus, mediante a suprema ignorância.

Quando era bispo de Atenas, Dionísio Areopagita fez uma peregrinação a Jerusalém, tendo ficado amigo de São João Evangelista, que o aconselhou a pregar o Evangelho no Ocidente. Na viagem à Terra Santa conheceu São Pedro, São Tiago e São Lucas. Conta-se que assistiu à morte da Virgem Maria. Na ocasião teria dito que, se não soubesse pela fé que só existe um Deus, atribuiria a natureza divina também a Nossa Senhora.

Ao ter notícia de que São Pedro e São Paulo estavam encarcerados em Roma, ele decidiu visitá-los na prisão. Antes de viajar, confiou a diocese de Atenas ao bispo Públio. Em Roma, o papa Clemente I, sucessor de São Pedro, encarregou-o de evangelizar a cidade de Paris com o presbítero Rústico e o diácono Eleutério.

É provável que seus dois companheiros de martírio não tenham existido. Os termos Rústico e Eleutério, na mitologia grega, são dois atributos do deus Dionísio, que era chamado o Eleutério, isto é, livre, e também o Rústico, por ser uma divindade campestre. O presbítero e o diácono teriam sido acrescentados a São Dinis, na lenda, muito mais tarde, em honra do número três, para simbolizar a Santíssima Trindade, que era negada pela heresia ariana.

Quando os três missionários chegaram a Paris, o governador Fescenino, enviado pelas autoridades romanas para reprimir os cristãos da Gália, mandou prendê-los. São Dinis foi deitado, nu, sobre uma grelha, numa fornalha acesa, sem se queimar. Levado para uma jaula com animais famintos, as feras não o atacaram. Como o santo sobreviveu também à crucifixão, Fescenino decidiu apressar o martírio, ordenando a decapitação.

Conta-se que, ao celebrar a missa, no domingo seguinte, sem saber que o amigo havia sofrido o martírio, o bispo de Arles, Régulo, citou sem querer o nome dele e de seus companheiros na oração chamada Memento dos Mortos. Nesse momento três pombas pousaram no altar com os nomes Dioníso, Rústico e Eleutério escritos no peito. Tudo isso aconteceu no século III, quando Dionísio, o Areopagita, se estivesse vivo, teria 300 anos de idade.

Devoção

No século VI, o poeta Venâncio Fortunato (530-600), autor de uma *Vida dos Santos*, já citava São Dinis como sendo o santo de Paris por excelência. A informação de que foi sepultado num lugar que se chamava Catuliaco, hoje Saint-Denis, importante centro industrial, figura na *Vida* de Santa Genoveva, escrita por volta de 520.

Sua devoção chegou à Itália, em 754, quando foi eleito um papa francês, Estêvão III. Curado de grave enfermidade graças à sua intercessão, o papa mandou construir em Roma uma igreja de São Dinis. A festa de 9 de outubro só se oficializou no calendário católico em 1568, durante o pontificado de Pio V, embora os franceses já o venerassem nessa data desde o século IV.

Cinco igrejas foram erguidas, uma depois da outra, em cima de seu túmulo, em Saint-Denis. Primeiro uma simples capela, por iniciativa de

Catula, a mulher que o enterrou. Depois o templo que os parisienses construíram, no século V, mobilizados por Santa Genoveva. A partir de Dagoberto, morto em 639, os reis da França passaram a ser sepultados nessa igreja que Pepino, o Breve, e Carlos Magno transformaram numa basílica, concluída em 775.

Ao assumir a direção do mosteiro de Saint-Denis, em 1122, no reinado de Luís VI, o abade Sugério tomou a iniciativa de reconstruir a basílica. Inaugurada em 1144, ela foi a primeira obra em estilo gótico. Conta-se que, na inauguração, entusiasmado com a beleza da igreja, o jovem Luís VII anunciou a reconstrução de Notre Dame no mesmo estilo. Estava nascendo a arte gótica na Europa.

O estandarte de São Dinis, guardado na basílica, tornou-se a bandeira oficial dos reis da França. Quando o reino entrava em guerra, o exército só ia para o campo de batalha depois de pedir a proteção de São Dinis ao grito de *Montjoie, Saint-Denis!*

Era no altar de São Dinis, junto ao coro, na catedral de Notre Dame, que os novos doutores da Sorbonne, depois de defenderem suas teses, faziam o juramento de defender a Igreja Católica — tradição que se manteve até a Revolução Francesa.

Todo ano, os parisienses costumavam visitar, em procissão, o túmulo do santo. Na longa caminhada, a primeira estação era na cripta de Notre Dame des Champs, em Montparnasse, onde São Dinis, segundo a lenda, propagou o culto de Nossa Senhora. Seguiam-se cinco estações, sendo a penúltima na capela do Martírio, em Montmartre, local de sua morte.

O povo de Paris dirigiu-se em massa a essa colina, em 1525, para rezar a São Dinis, padroeiro do reino, quando o rei Francisco I foi aprisionado pelos soldados italianos na batalha de Pavia, no norte da Itália. Na mesma colina Santo Inácio e seus companheiros fundaram, na década seguinte, a Companhia de Jesus.

Durante a Idade Média, a devoção se espalhou na Europa. Só na Inglaterra havia 41 igrejas de São Dinis. Quando um surto de sífilis matou milhares de doentes, entre o final do século XV e o início do século XVI, os alemães recorreram a ele como um dos Quatorze Santos Protetores.

Suas relíquias ficaram guardadas, até a Revolução Francesa, na basílica de Saint-Denis, exceto o crânio, conservado em Longpont, perto de Soissons.

Na Revolução, em 1790, multidões saquearam a basílica. Os túmulos reais foram profanados. Em 1793, o tesouro de Saint-Denis foi roubado, mas as relíquias do santo haviam sido retiradas pelos monges e escaparam à profanação. Elas são veneradas, ainda hoje, na basílica, para onde foram reconduzidas em procissão solene em 1810.

Durante o século XIX, houve duas reformas na basílica: uma promovida por Napoleão Bonaparte, em 1815, e a outra por Luís XVIII, em 1816. Em 1966, ela passou a ser, oficialmente, catedral.

Data

Comemorado em 9 de outubro. A festa litúrgica figura no Missal Romano como memória facultativa. O Martirológio Romano diz o seguinte no seu dia: "Comemoração de São Dinis, bispo e mártir, que foi enviado à Gália pelo Romano Pontífice, segundo a tradição, como primeiro bispo de Paris, e lá foi morto junto com o presbítero Rústico e o diácono Eleutério."

Etimologia

Dinis vem de Dionysius, referente a Dionysus, nome grego do deus Baco. Dionysus significa filho de Deus ou dedicado a Zeus. Em latim, Dionysius. Em francês, Denis, com o feminino Denise. Em espanhol, Dionisio. Em italiano, Dionigi. Em inglês, Denis, Denys e Dionysius. Em alemão, Dionysus.

Especialidade

Invocado contra enxaquecas e dores de cabeça, febre, hidrofobia, mordidas de cachorro, sífilis, possessões diabólicas, perturbações mentais, neuroses, conflitos pessoais, rivalidades e discórdias.

Patrocínio

É o santo protetor dos arcabuzeiros, dos possessos, dos sifilíticos e dos pássaros. Padroeiro de Paris e da França.

Relíquias

Suas relíquias estão na basílica de Saint-Denis, subúrbio de Paris, exceto o crânio, conservado, desde 1205, numa igreja de Longpont, na diocese de Soissons, na França.

Imagens

Representado como bispo nos trajes episcopais carregando nas mãos a cabeça decepada, junto a uma parreira e às vezes acompanhado de um cachorro.

Superstições

Para os camponeses, na França, a temperatura no dia de São Dinis serve de referência para prever se o inverno seguinte será ameno ou rigoroso.

Outros santos

Além do Areopagita, há 15 santos com o nome Dinis ou Dionísio. Entre eles, um mártir da Armênia Menor; o primeiro bispo de Augsburgo, na Alemanha; um bispo de Salonica, na Grécia; um arcebispo de Milão, na Itália, exilado na Capadócia; um papa de 259 a 269; o sexto bispo de Viena, na França; um tio de São Pancrácio; um mártir de Alexandria; um bispo de Corinto, na Grécia; e dois padres espanhóis, mortos em 1936, na Guerra Civil da Espanha. Há também o beato Dionísio da Venezuela, mártir, que morreu numa revolta dos índios cumânis contra os espanhóis, em 1521, na fronteira com o Brasil.

Orações a São Dinis

Glorioso São Dinis, bispo e mártir, conforto dos que têm a consciência perturbada, rogai por nós.

Oremos: caríssimo Jesus, que prometestes a todos os que vos servirem gozar a paz que o mundo não pode dar, concedei-nos, nós vos suplicamos, por intercessão de vosso servo São Dinis, que nos arrependamos de nossos pecados e gozemos a paz da alma e a quietude de consciência, vós que viveis e reinais com o Pai, na unidade do Espírito Santo, agora e para sempre, por todos os séculos. Amém.

Ó Deus que, neste dia, destes a vosso bem-aventurado mártir e bispo São Dinis força e constância no seu suplício e que associastes a ele Rústico e Eleutério para anunciar vossa glória aos pagãos, concedei-nos poder, a seu exemplo e por amor de vós, para desprezar também as felicidades deste mundo e não temer qualquer adversidade. Por Nosso Senhor Jesus Cristo, na unidade do Espírito Santo, amém.

Glorioso servo de Deus, São Dinis, que dedicastes vossa vida a Cristo, Nosso Senhor, mostrai-me o reto caminho, nas ansiedades da consciência e perturbações da mente, para que jamais o desânimo e o desespero me esmaguem e que eu encontre luz e refrigério no Sagrado Coração de Jesus, amém.

~

Ó Deus, que fortalecestes vosso bispo e mártir São Dinis com a virtude da constância no martírio e vos dignastes associar-lhe Rústico e Eleutério para pregarem vossa glória aos gentios, nós vos suplicamos, concedei que, seguindo seu exemplo, desprezemos por amor de vós as prosperidades do mundo e não receiemos nenhuma adversidade. Por Jesus Cristo Nosso Senhor. Amém.

2 de junho
SANTO ERASMO
contra as cólicas

Santo Erasmo, também conhecido como São Telmo, pregava as verdades cristãs numa embarcação, no mar Mediterrâneo, quando se desencadeou uma tempestade com raios, trovões e ondas encapeladas. Os marinheiros que ouviam o sermão temeram que a barca naufragasse, mas ele continuou a pregação, tranqüilo, como se nada estivesse acontecendo. Só então notaram que, embora chovesse muito a seu redor, o céu estava limpo e sereno em cima de sua cabeça.

Devido a essa lenda, os homens do mar dão seu nome, santelmo, à luz de cor azulada que costuma aparecer nos mastros e no cordame dos navios quando termina uma tempestade. É o efeito de uma descarga elétrica, por meio da qual São Telmo, segundo seus devotos, avisa aos navegantes que o bom tempo está de volta.

Santo Erasmo, bispo de Fórmia, na Itália, que os navegantes chamam Sant'Elmo, corruptela de seu nome, morreu como mártir no dia 2 de junho de 303, durante o reinado de Diocleciano (284-305). É tudo o que se sabe a respeito dele, com base no Martirológio Pseudo-Jeronimiano.

O resto faz parte da lenda, que tem aspectos inacreditáveis, como o fato de haver sofrido três vezes o martírio. Primeiro em Antioquia, na antiga Síria. Depois em Ilírico, na Dalmácia, atual Croácia. Por fim na cidade italiana de Fórmia, no Mar Tirreno, ao norte de Nápoles.

É do século VI o documento mais antigo quanto à existência de um mártir chamado Erasmo, venerado em duas regiões da Itália: a Campânia e o Lácio. Trata-se de uma carta do papa São Gregório Magno (540-604) ao bispo de Fórmia, na qual há referência ao corpo do santo, então sepultado na principal igreja da cidade.

Quando piratas sarracenos saquearam esse porto, em 842, seus restos mortais foram levados, por motivo de segurança, para a vizinha Gaeta, da qual ele se tornou, desde então, o padroeiro.

Tudo indica que dois bispos do século III com o mesmo nome – um deles sírio, de Antioquia, e o outro italiano, da Campânia – estão reunidos na mesma história, como sendo uma só pessoa, para compor a identidade de Santo Erasmo, cuja biografia foi escrita, mil anos depois, pelo papa Gelásio II, que era seu devoto por ter nascido em Gaeta.

Segundo esse texto, o bispo sírio fugiu para a montanha, quando começou a perseguição de Diocleciano. Localizado pelos soldados do imperador na caverna em que vivia, foi levado pelos anjos para Ilírico, na Dalmácia, província romana. Preso pela segunda vez, escapou da mesma maneira, sendo transportado para a costa italiana a fim de sofrer o martírio.

Sua história rocambolesca termina no porto de Fórmia, na Itália, onde abriram sua barriga e arrancaram os intestinos, usando um molinete como instrumento de suplício. Por esse motivo é invocado contra as cólicas e doenças abdominais.

Atribui-se a Santo Erasmo a proteção dos navegantes pelo fato de o molinete ser confundido, em suas imagens, com o cabrestante dos navios. Enquanto o molinete serve para recolher o anzol lançado à água, o cabrestante é usado para suspender a âncora.

Lendas

Santo Erasmo era um dos bispos do patriarcado de Antioquia, antiga cidade síria, onde a palavra cristão foi usada pela primeira vez para designar os seguidores de Cristo.

Quando teve início a perseguição de Diocleciano, ele teria fugido para uma gruta no Monte Líbano, onde cumpriu uma rotina de jejum e penitência, alimentado por um corvo que lhe levava a comida. Até que, sete anos depois, seu esconderijo foi descoberto pelos soldados romanos.

Levado à presença de um juiz, sofreu uma série de torturas, a começar pelo espancamento e o banho num caldeirão de óleo quente com piche derretido, mas escapou sem qualquer cicatriz a todos os sofrimentos. A esse milagre seguiu-se um terremoto. Com medo de outro castigo, o povo pediu que pusessem o bispo em liberdade.

Santo Erasmo foi acorrentado, em sua cela, para morrer de inanição. Passaram-se alguns dias. Certa noite, quando os carcereiros dormiam, o arcanjo São Miguel apareceu em sua cela para libertá-lo. Ele acordou para ouvir a ordem: "Erasmo, siga-me. Você ainda vai converter muitos pagãos."

Abertas as portas do presídio, o santo foi levado, não se sabe como, para Ilírico, na costa da Dalmácia, hoje Croácia, onde pregou durante sete anos, fazendo milagres e conversões. Um dos milagres teria sido a ressurreição do filho de Anastácio, homem importante do país.

Quando as conversões em massa chegaram ao conhecimento das autoridades romanas da província, foi preso pela segunda vez e sofreu outras torturas, sendo obrigado a sentar-se numa cadeira de ferro incandescente. De novo, escapou ileso. São Miguel o libertou pela segunda vez. Agora para transportá-lo a Fórmia, na Itália, diocese de que foi bispo por sete anos.

Uma noite, quando rezava, antes de dormir, o santo ouviu a voz de Deus anunciar sua morte próxima: "Erasmo, meu fiel servidor, você está prestes a receber a coroa que mereceu." Ao que ele respondeu: "Senhor Jesus Cristo, Filho único do Pai, eu vos peço que atendais, em suas preces, a todos aqueles que pedirem minha assistência, em vosso nome."

Santo Erasmo foi preso, no dia seguinte, pela terceira vez. Era o imperador Maxímínio que perseguia nessa ocasião os cristãos da Itália com a mesma crueldade de Diocleciano no Oriente. Levado à sala dos suplícios, para ser morto, os torturadores abriram-lhe a barriga e enrolaram num molinete seus intestinos.

Devoção

São Gregório Magno, que foi papa de 590 a 604, deixou uma carta em latim para o bispo de Fórmia em que menciona os restos mortais de Santo Erasmo, conservados na catedral dessa diocese: "*Formianae ecclesiae in corpus beati Herasmi martyris requiescit.*" É uma comprovação de que o santo era venerado no século VI.

O mesmo papa cita, em seus escritos, dois mosteiros de Santo Erasmo: um em Nápoles e o outro em Cuma, também na Itália. Havia um terceiro em Roma, onde estudou o papa Adeodato, que morreu em 619.

Quando os piratas sarracenos do norte da África atacaram Fórmia em 842, o corpo do santo foi levado às escondidas para Gaeta, cidade mais protegida, onde o papa Pascoal II consagrou em 1106 uma catedral dedicada a ele. O povo de Gaeta celebra, até hoje, durante três dias, no início de junho, o festival de Santo Erasmo, cuja imagem é conduzida, em procissão, da catedral até a municipalidade.

Festeja-se Santo Erasmo também na Córsega por iniciativa da Confraria dos Marinheiros Corsos. Na Bélgica é confundido com Santo Agapito até no nome: Saint Agrapau. Durante a Peste Negra, era invocado contra a terrível epidemia. Foi quando entrou para a lista dos Quatorze Santos Protetores.

Em Kent, na Inglaterra, antes da Reforma Protestante, era costume as pessoas ricas deixarem, no testamento, um legado para que a lâmpada de azeite nunca se apagasse no altar de Santo Erasmo numa igreja do porto de Faversham.

Em museus da Bélgica e da Alemanha, quadros de Grunewald e Cranach mostram a cena do suplício de que foi vítima, segundo a lenda.

Data

Comemorado em 2 de junho. A festa litúrgica não consta do Missal Romano atual. Nos missais anteriores a 1969 também não figurava. A última edição do Martirológio Romano diz na sua data: "Comemoração de Santo Erasmo, bispo e mártir, em Fórmia, na Campânia."

Etimologia

Erasmo vem do grego *erásmios*, amável, gentil, digno de amor. Em latim, Erasmus. Em inglês e alemão, também Erasmus. Em espanhol, Erasmo. Em francês, Erasme, Elme, Telme e Arras. Em italiano, Erasmo, com as variantes Eramus, Ramus, Elmo e Telmo.

Especialidade

Invocado contra dores de barriga, cólicas, doenças do estômago ou dos intestinos, apendicite, peritonite, prisão de ventre, diarréia, cãibras, espasmos, doenças infantis, dores da vesícula, dores do parto, epilepsia, possessão demoníaca, enjôo no mar, tempestades, perigos no mar, naufrágios e também doenças do gado.

Patrocínio

Patrono dos navegantes e pescadores na França, Espanha e Portugal. Patrono das viúvas, parturientes, órfãos, torneiros, violinistas, fabricantes de violinos, meteorologistas, animais domésticos e fabricantes de cordas. Patrono também, com Santa Bárbara, dos que trabalham com explosivos, munição e artilharia.

Relíquias

Os ossos são venerados em Gaeta, no litoral do mar Tirreno, na Itália. Outras relíquias estão em Magdemburgo, na Alemanha.

Imagens

Representado como bispo com a mitra. Nas mãos, sustenta um molinete ou cabrestante, para lembrar seu martírio.

Superstições

Em algumas regiões da Europa, uma agulha com fio de linho é oferecida a Santo Erasmo se uma criança sofre de perturbação digestiva. Segundo os pescadores da Bretanha, as almas dos afogados se manifestam no fenômeno do santelmo. Os marinheiros alemães acreditam que essas luzes aparecem, como um aviso de Santo Erasmo, quando alguém caiu de uma embarcação.

Topônimos

Uma das ilhas de Veneza chama-se Santo Erasmo.

Outros santos

Dois outros santos têm seu nome: Santo Erasmo, confessor, comemorado pela Igreja Ortodoxa no dia 18 de junho, e Santo Erasmo de Antioquia, mártir, em 25 de novembro.

Orações a Santo Erasmo

Santo Erasmo, mártir, que com dignidade e bravura sofrestes o terrível martírio e que, por vossa caridade, consolais os que sofrem, eu imploro, como vosso devoto fiel, que vos lembreis de minhas necessidades aqui na terra e que intercedais a meu favor junto a Nosso Senhor Jesus Cristo. Vigoroso defensor da fé, vitorioso diante das torturas, pedi a Deus por mim para que me seja concedida a graça de viver e morrer na fé, merecendo por fim a coroa da glória. Por Nosso Senhor Jesus Cristo, amém.

Deus de bondade, que libertastes da prisão vosso bispo, Santo Erasmo, e que o conduzistes milagrosamente nas ondas do mar, vós que o consolastes no cruel suplício, protegei-me nas tempestades deste mundo, concedei-me a resignação no sofrimento e a graça de chegar, um dia, ao porto da salvação eterna. Amém.

Santo Erasmo, mártir, que enfrentastes numerosos e cruéis suplícios, por confessar a fé, rogai por mim a fim de que Deus me liberte dos sofrimentos. Por vossa poderosa intercessão, consegui que jamais algum inimigo ou perseguidor prevaleça contra meu corpo e minha alma. Ajudai-me para que enfrente meritoriamente e com paciência as dores a que a Divina Providência queira me submeter. Eu vos recomendo minha vida e particularmente meus últimos momentos, a fim de que, purificado de meus pecados e fortificado pelos sacramentos, possa, como vós mesmos, morrer santamente. Rogai por nós, Santo Erasmo, para que sejamos preservados de todo mal. Por Nosso Senhor Jesus Cristo, amém.

Ó Deus, que pela intercessão de vosso mártir Santo Erasmo preservais os homens dos tormentos da cólica, nós vos pedimos, por seus méritos e por suas poderosas preces, que nos livreis dessas dores e de todas as outras aflições do corpo e da alma e que nos leveis à vida eterna. Por Nosso Senhor Jesus Cristo, amém.

20 de setembro
SANTO EUSTÁQUIO
em situações difíceis

Santo Eustáquio, que era general antes de se converter, avistou certa vez quando caçava, perto de Roma, um bando de veados. Nesse momento, um deles, o maior e mais belo de todos, afastou-se dos outros e correu em disparada para a floresta. O caçador o perseguiu a galope, até que o veado parou, fora do seu alcance, num rochedo escarpado. Havia um crucifixo luminoso entre os chifres esgalhados do animal.

O general ouviu uma voz que lhe dizia: "Por que me persegues? Eu sou o Cristo, aquele a quem tu prestas serviço, sem saber que existo. As esmolas que costumas dar aos pobres me causam grande alegria. Quis, por isso, que tu me conhecesses. Estou pregado na cruz porque vim ao mundo para salvar o gênero humano. Fui crucificado, morto e sepultado, mas ressuscitei no terceiro dia."

Ao ouvir essa declaração, ele teve medo e caiu do cavalo. Quando voltou a si, ajoelhou-se e disse: "Senhor, eu creio em vós. Que desejais que eu faça?" Cristo lhe respondeu: "Se crês em mim, volta a Roma, procura o bispo e pede para ser batizado."

Santo Eustáquio, general romano convertido à fé cristã, foi executado em Roma, durante a perseguição de Adriano, por volta do ano 118. Com ele, segundo a lenda, morreram sua mulher, Teopista, e os dois filhos, Agapito e Teopisto.

Nada se sabe a seu respeito que se possa afirmar com certeza. Seria de família nobre e comandava no exército uma legião. Consta que, no início do século II, se distinguiu em operações militares nas províncias da Ásia Menor.

Chamava-se Plácido, antes da conversão. Daí a hipótese levantada pelo cardeal Barônio, no século XVI, de que fosse o Plácido citado pelo historiador romano Josephus Flavius, na *Guerra dos Judeus*, como um oficial que participou do cerco de Jerusalém, no reinado de Tito. Foi Barônio que editou, em 1585, a primeira edição do Martirológio Romano.

A conversão de Santo Eustáquio teria acontecido numa caçada, na região de Guadagnolo, entre Tívoli e Palestrina, perto de Roma, quando Cristo lhe apareceu, sob a forma de um veado, com um crucifixo resplandecente entre os chifres. Aparições de veados eram freqüentes em lendas de outros santos da Idade Média, como Santo Humberto, bispo de Liège, por exemplo.

Depois de ele ser batizado, com a mulher e as duas crianças, Cristo anunciou-lhe, em segunda aparição, que haveria de sobreviver a grandes provações, profecia que se cumpriu em seguida. Como Jó, personagem do Antigo Testamento, Santo Eustáquio perdeu tudo o que tinha. Acabou separado da mulher e dos filhos. A família, exilada no Egito, só se reencontrou, 15 anos mais tarde, para sofrer o martírio em Roma.

Nem a *Depositio Martyrum*, que é a mais antiga relação de mártires, nem o martirológio atribuído a São Jerônimo mencionam Santo Eustáquio. Apesar de ele ser um mártir romano, seu culto parece ter surgido no Oriente e só foi introduzido em Roma na primeira metade do século VIII, com base numa lenda que repete um tema recorrente na ficção grega: o da família dispersa que se reencontra depois de muitas peripécias.

Lendas

Havia no exército romano, durante o reinado de Trajano (98-117), um general chamado Plácido, dono de grande fortuna em ouro, escravos e bens de toda espécie. Era conhecido, entre os pagãos, por ajudar os pobres e não concordar com injustiças.

Numa de suas caçadas, entre duas guerras, esse general se deparou com um veado que ostentava entre os chifres um crucifixo luminoso. Cristo se revelou a ele sob a forma desse animal e lhe pediu que, no dia seguinte, procurasse o bispo de Roma para ser batizado.

À noite, em casa, Plácido contou à mulher, na cama, o que havia acontecido na caçada. Ela disse que, por coincidência, havia sonhado, na véspera, com esse Cristo, o qual, no sonho, anunciava: "Amanhã mesmo, você, seu marido e seus dois filhos virão a mim para saber que sou o Senhor."

Atendendo ao apelo divino, o casal foi, com as crianças, receber o batismo. O marido ganhou novo nome, Eustáquio, que significa frutuoso. A mulher, que se chamava Taciana, passou a chamar-se Teopista, e os meninos, Agapito e Teopisto. Começava para eles, com esses nomes, uma vida nova.

Quando retornou à montanha, no dia seguinte, para caçar, como de costume, o general viu pela segunda vez o veado com o crucifixo luminoso. Cristo lhe disse agora: "Eustáquio, ao receber o batismo, você acaba de vencer o demônio, que desencadeará uma guerra contra você. Prepare-se para os sofrimentos e as tentações. Há de sofrer muito até que lhe seja dada a coroa da glória. Será visto pelos homens, a partir de hoje, como novo Jó." Ele aceitou os infortúnios anunciados. Pediu apenas que Deus lhe desse forças para suportar as provações pelas quais iria passar.

Começaram as desgraças. Uma peste devastou sua casa, matando os escravos. Morreram os cavalos e todo o gado que possuía. Depois vieram os ladrões e saquearam tudo: ouro, riquezas, móveis e roupas. Nada sobrou.

Realizava-se, em Roma, nessa ocasião, grande festa para celebrar uma vitória contra os persas. O general Plácido deveria estar no palanque por chefiar uma divisão, além de ser conselheiro do imperador. Ninguém entendeu sua ausência.

Reduzido à miséria, ele chamou a mulher e os filhos. Estavam nus, sem um trapo sequer para se cobrir, mas felizes por não terem morrido. Com vergonha da nudez, decidiram esconder-se, longe da pátria, no Egito.

Quando chegaram ao porto de Óstia, no Mediterrâneo, havia um navio prestes a partir. Ao recebê-los a bordo, o dono da embarcação sentiu-se atraído pela mulher de Eustáquio. Como os quatro passageiros não tinham dinheiro para pagar a viagem, exigiu que Teopista lhe fosse entregue em pagamento. O marido não concordou e foi expulso do navio com os filhos.

Muito tristes, os três saíram andando por um caminho que levava a um rio caudaloso. O pai teve medo de atravessá-lo a nado com duas crianças ao mesmo tempo. Optou por levar primeiro o caçula. Quando voltou para pegar o outro, um lobo o tinha carregado para a floresta. Eustáquio nadou de volta à outra margem, mas veio um leão que abocanhou o segundo menino. Sem Teopista, Agapito e Teopisto, Eustáquio se viu sozinho no mundo.

Alguns pastores, porém, avistaram o leão que carregava a criança nos dentes e o perseguiram com seus cães. O leão abandonou a presa, sem lhe fazer mal, enquanto na outra margem do rio lavradores viram o lobo com o outro menino e o salvaram.

Eustáquio não sabia que os filhos tinham escapado às feras e se pôs a chorar. Queixava-se: "Meu Deus, como sou infeliz! Era rico e fui despojado de tudo. Tinha uma família e a perdi. Senhor, vós me dissestes que eu haveria de sofrer como Jó. Meus sofrimentos, no entanto, superam os dele, que ao menos tinha um monte de estrume onde deitar e uma mulher e os amigos para consolá-lo. Eu fiquei sem nada e sem ninguém."

Mais sereno depois da oração, o antigo general foi à aldeia próxima e se ofereceu para cultivar o campo. Seus filhos, criados longe dele, em casas próximas, cresceram sem saber que eram irmãos. Teopista, ela também, vivia sozinha, no Egito. Deus não permitiu que fosse possuída pelo dono do navio. Um raio matou esse homem assim que a embarcação deixou o porto de Óstia.

Passaram-se 15 anos e o imperador Trajano ainda sentia falta de Eustáquio. Não havia explicação para seu desaparecimento. Nenhum general, competente como ele, havia surgido para substituí-lo nas guerras que Roma travava contra numerosos inimigos. Trajano mandou procurá-lo em todas as províncias do império, prometendo recompensa a quem o localizasse.

Dois soldados que tinham combatido sob suas ordens reconheceram na aldeia onde agora trabalhava como lavrador. O general foi levado à presença do imperador, que ficou muito feliz de reencontrá-lo e lhe deu pela segunda vez o comando das tropas.

Ele não se envaideceu com as honrarias. Ao contrário, dirigiu a Deus uma nova prece: "Ó Senhor, que livrais das tribulações os que esperam em Vós, da mesma maneira que reencontrei os que serviam comigo, fazei que eu reencontre minha mulher e que, ao menos, possa rever, no dia da ressurreição, meus dois filhos que morreram devorados pelas feras."

Uma guerra ia começar. Como novo comandante, Eustáquio recrutou jovens soldados em todas as aldeias do império. Seus filhos Agapito e Teopisto, agora dois rapazes robustos, foram levados à sua presença, junto com os novos combatentes. O general não os reconheceu. Como eram bons soldados, que se destacavam em seus batalhões, acabaram sendo ajudantes-de-ordens do próprio pai no comando geral das operações.

Antes de derrotar o inimigo, o exército acampou em uma aldeia do Egito, onde Teopista agora tomava conta de um albergue. Foi lá que os soldados Agapito e Teopisto se hospedaram. A mãe, que não os via há 15 anos, também não os reconheceu.

Uma noite, durante o jantar, no refeitório, ela ouviu, por acaso, os dois rapazes contarem, um ao outro, suas recordações de infância. Teopisto se lembrava de que o pai era general e que tinha mãe muito bonita. Lembrava-se também de que, um dia, à beira de um rio, um leão havia carregado o irmão mais velho. Ele próprio havia sido levado por um lobo. O outro rapaz começou a chorar e se atirou a seus braços, dizendo: "Sou teu irmão."

No dia seguinte, a mulher de Eustáquio procurou o general, no posto de comando, para pedir repatriamento, dizendo ser cidadã romana de família nobre. Levantando os olhos, reconheceu o marido. Emocionada, abraçou-o dizendo que era Teopista. Eustáquio, ao beijá-la, glorificou a Deus, consolador dos aflitos.

A primeira pergunta dela foi sobre os filhos. O marido contou como os havia perdido à beira de um rio. Era a história do leão e do lobo. Teopista lhe repetiu, então, a conversa que tinha ouvido dos dois soldados, na véspera, durante o jantar, no albergue em que trabalhava. Assim, a família se reencontrou. Os 15 anos de separação chegavam ao fim.

Quando Eustáquio voltou a Roma, com o exército vitorioso, trazendo a família, Trajano tinha morrido. Adriano, o novo imperador, lhe ofereceu um banquete. Durante a cerimônia no templo, para agradecer aos deuses, todos notaram que Eustáquio não oferecia sacrifícios aos ídolos. Adriano quis saber o motivo. O general revelou que há 15 anos era cristão e que, por isso, só oferecia sacrifícios a Cristo.

O imperador mandou que Eustáquio, Teopista e os filhos fossem levados à arena, onde soltaram um leão feroz. O animal aproximou-se deles, baixou a cabeça e se retirou para um canto, manso, como se não tivesse fome.

Furioso, Adriano ordenou que os quatro cristãos fossem colocados dentro de um boi de bronze para assá-los durante três dias. No terceiro dia, ao serem retirados, estavam mortos, mas sem qualquer sinal de queimadura. Até o momento da morte foram ouvidos conversando, rezando e cantando. Os romanos comentaram na praça do martírio: "Grande é o Deus dos cristãos, que protege seus santos. Observem que até os cabelos desses homens foram preservados do fogo."

Cristãos levaram, às escondidas, os corpos de Eustáquio, Teopista, Teopisto e Agapito para enterrar. Quando as perseguições cessaram, um oratório foi construído no local da sepultura.

Devoção

O papa Gregório II (715-731) menciona, no *Liber Pontitificalis*, uma basílica de Santo Eustáquio que havia em Roma. Há referências a essa igreja nas biografias dos papas Leão III (795-816) e Gregório IV (827-844).

A basílica, em que está sediado hoje um cardinalato da Cúria Romana, foi reconstruída no pontificado de Celestino III (1191-1198), que a consagrou no dia 12 de maio de 1196, colocando sob o altar-mor a urna com os restos mortais de Eustáquio, Teopista, Teopisto e Agapito.

Em 17 de setembro de 1739, o cardeal Nereu Corsini efetuou o reconhecimento das relíquias, substituindo a antiga urna por uma nova de bronze. Ossos do crânio e da perna foram separados para exposição na sacristia.

Ao ser inaugurada, a basílica de Saint-Denis, na França em 1144, o abade Sugério, responsável pela obra, conseguiu em Roma que ossos de Santo Eustáquio fossem trasladados para essa igreja. Em 1567, durante as guerras religiosas na França, os protestantes huguenotes invadiram a basílica e incineraram as relíquias, mas alguns fragmentos foram preservados e podem ser vistos na igreja parisiense de Saint-Eustache, no Quartier Latin.

Data

Era comemorado em 1º de novembro, data do martírio. Ao ser criada a festa de Todos os Santos, passou para o dia seguinte, até que o 2 de novembro se tornou o dia de Finados. A comemoração foi, então, deslocada para 20 de setembro. Celebra-se em 7 de julho na Igreja Oriental. Desde 1969, sua festa litúrgica não figura no Calendário Romano Geral. O último Martirológio Romano diz no seu dia: "Comemoração de Santo Eustáquio, mártir de Roma, cujo nome é venerado na antiga diaconia da cidade."

Etimologia

Eustáquio vem do grego *éustachys*, carregado de belas espigas ou, no sentido figurado, fértil, frutuoso, que dá bons frutos. Há duas variantes em português: Eustácio e Estácio. Em latim e alemão, Eustachius. Em inglês, Eustachius e Eustace. Em francês, Eustache e Eustate. Em italiano, Eustachio e Eustazio. Em espanhol, Eustaquio.

Especialidade

É um santo das causas desesperadas, junto com São Judas Tadeu e Santa Rita de Cássia. Invocado nas situações difíceis da vida, nas tragédias com a família, nos golpes do destino, nas desavenças familiares, nas dúvidas da fé e contra a possessão demoníaca. Invocado também contra os insetos nocivos, contra os incêndios e para escapar do fogo eterno.

Patrocínio

Patrono dos caçadores, guardas florestais, madeireiros, ecologistas, associações de tiro ao alvo, bombeiros, cuteleiros, tecelões, vendedores de roupas e comerciantes varejistas. Um dos padroeiros de Madri, na Espanha.

Relíquias

Os restos mortais são conservados sob o altar-mor da basílica de Santo Eustáquio, em Roma, em cuja sacristia podem ser vistos o crânio e ossos da perna. A paróquia de Saint-Eustache, no Quartier Latin, em Paris, guarda outros ossos dele, removidos da catedral de Saint-Denis.

Imagens

Representado como um caçador, de joelhos, diante de um veado, que tem um crucifixo entre os chifres.

Topônimos

Uma pequena ilha das Antilhas Holandesas e uma cidade do Canadá têm o nome de Santo Eustáquio.

Outros santos

Há numerosos santos chamados Eustáquio ou Eustácio. Entre eles, um bispo da Bitínia, comemorado no dia 29 de março; um bispo de Langres, na França, também em 29 de março; um bispo de Nápoles, na Itália, em 10 de maio; um bispo de Antioquia, na Síria, em 16 de julho; um bispo de Ancira, na Ásia Menor, em 29 de julho; um sacerdote, mártir do Egito, em 12 de outubro; um bispo de Nicéia, na Ásia Menor, mártir, em 20 de novembro; e um bispo de Bruges, na Bélgica, em 31 de dezembro.

Orações a Santo Eustáquio

Santo Eustáquio, servidor de Deus, que destes ao mundo um exemplo de submissão à vontade do Senhor nas terríveis provações de vossa vida, protegei-nos contra os perigos que nos ameaçam nas tempestades da vida e fazei que, suportando com alegria nossas penas e nossas dores neste mundo, desprezando as vaidades terrestres e desejando apenas os bens celestes, possamos participar de vossa gloria pelos séculos dos séculos. Por Jesus Cristo, Nosso Senhor, amém.

Santo Eustáquio, glorioso mártir de Cristo, que sacrificastes, por vossa santa fé, o melhor de vós, vossa família e tudo, rogai por nós.

Oremos: ó Deus, sabendo que são ínvios os vossos caminhos e que as provações e o sofrimento são o quinhão dos que mais vos amam, nós vos pedimos, pelo exemplo e pela intercessão de Santo Eustáquio, que nos ensineis a ver em todas as coisas a vossa vontade e a deixar nossas mãos nas vossas, a fim de que possamos seguir para onde nos conduzirdes. Por Jesus Cristo Nosso Senhor, amém.

Ó Deus, que nos permitis comemorar a festa do glorioso mártir Santo Eustáquio e de seus companheiros, concedei-nos que possamos gozar, após a morte, de sua companhia no céu. Por Jesus Cristo, Nosso Senhor, na unidade do Espírito Santo, amém.

Ó Deus, que conduzistes, com segurança, vosso mártir, Santo Eustáquio, pelas provações e perigos desta vida, até a gloriosa coroa do martírio, iluminai-nos e fortalecei-nos, por sua intercessão, a fim de que, perseverando no vosso amor e aceitando sempre a vossa vontade, possamos passar da escuridão da Terra à luz da eterna glória. Amém.

1º de setembro
SÃO GIL
contra o medo

Quando os visigodos dominavam a Península Ibérica e o sul da França, no século VII, um dos seus reis promoveu uma caçada no vale do Ródano, onde São Gil vivia isolado em companhia de uma gazela. Os caçadores do rei, montados a cavalo, avistaram a gazela na floresta e a perseguiram, com seus cães, até a boca de uma caverna, escondida pela vegetação, de onde os cachorros recuaram, como se uma força invisível os expulsasse.

No dia seguinte, a gazela foi vista de novo pelos mesmos caçadores, e a cena se repetiu. Na terceira caçada, mais uma vez os cães de caça desistiram da perseguição. Nesse dia o rei tentou acertar o animal com seu arco. Abrindo caminho no mato cerrado, ele penetrou na gruta e se defrontou com São Gil, cujo braço estava ferido pela flecha. A gazela, a seus pés, tremia de medo.

São Gil, um ermitão que nasceu em Atenas e morreu perto de Arles, na França, onde fundou um mosteiro, é o único dos Quatorze Santos Protetores que não sofreu o martírio nas perseguições romanas. Ao contrário dos outros 13, que pertencem aos quatro primeiros séculos da era cristã, viveu muito depois, entre os séculos VII e VIII.

O santuário de Saint-Gilles-du-Gard, na França, próximo ao estuário do Ródano, na região da Provença, foi na Idade Média um dos três grandes centros de peregrinação da Europa, no caminho de Roma, na Itália, e de Santiago de Compostela, na Espanha.

É um paradoxo que São Gil, também conhecido como Santo Egídio, tenha sido, mil anos atrás, um dos santos mais populares da cristandade e quase não se disponha, hoje, de documentação confiável a seu respeito. Sua lenda baseia-se numa biografia anônima, entremeada de fantasias e incoerências, escrita por um dos monges do seu mosteiro, duzentos anos depois de sua morte.

Não é possível estabelecer a época exata em que viveu. Historiadores da Idade Média o confundem com um abade Egídio, enviado a Roma por São Cesário de Arles, em 511, no pontificado do papa Símaco. Fontes mais confiáveis supõem que morreu entre 720 e 740, sendo contemporâneo do rei visigodo Flávio Wamba, que reinava na Provença por volta de 670.

São Gil passou a mocidade em Atenas, quando já fazia milagres. A fim de escapar à fama de santidade, emigrou para Marselha, na França, onde suas curas lhe trouxeram de novo a popularidade indesejada.

Em busca da solidão, retirou-se para a floresta e viveu alguns anos sozinho, numa gruta, alimentado por uma gazela, até ser descoberto por um rei que o feriu, sem querer, com sua flecha, numa caçada. Tendo perdido o movimento do braço, tornou-se o patrono dos aleijados. O rei construiu para ele o Mosteiro de Saint-Gilles-du-Gard, onde foi adotada a regra de São Bento na formação dos monges.

Lendas

São Gil era grego, nascido sob o domínio romano, numa família rica. Seus pais, já convertidos à religião cristã, chamavam-se Teodoro e Pelágia.

Estudou as Sagradas Escrituras em Atenas. Ao ficar órfão, vendeu a herança e distribuiu o dinheiro para os pobres. Dedicava-se à oração e obteve do Espírito Santo, sem querer, o dom da cura.

Numa manhã de inverno, quando ia à missa, encontrou ao relento um aleijado, que tremia de frio. Com pena, tirou sua túnica de lã para oferecê-la. Ao vestir a túnica, o paralítico voltou a andar, surpreendendo o próprio santo.

Noutra ocasião, ao rezar suas orações, ouviu os gritos de alguém que uma cobra venenosa tinha acabado de morder, em frente à sua casa. A pessoa estava inchada e sentia dores terríveis. São Gil interrompeu as orações para socorrê-la. Propôs que rezassem juntos com fé. A inflamação desapareceu.

Seu terceiro milagre aconteceu numa igreja. Um homem, possuído pelo demônio, gritava no meio da missa, perturbando os fiéis e o celebrante. São Gil aproximou-se do infeliz para tentar apaziguá-lo. O espírito mau deu um último grito e deixou o homem em paz.

As curas que praticava, sem querer, por graça do Espírito Santo, começaram a atrair a curiosidade popular, embora São Gil fizesse o possível para não chamar atenção. Incomodado com a fama, decidiu ir para um lugar deserto a fim de ficar sozinho em oração.

Muito jovem, embarcou para a França, que ainda se chamava Gália, decidido a viver no anonimato. Durante a viagem, o navio enfrentou grande tempestade. Os tripulantes e os passageiros já temiam o naufrágio, quando o santo os reuniu no convés para rezarem. A tempestade cessou.

Ao desembarcar no porto de Marselha, hospedou-se em casa de uma mulher chamada Teócrita, cuja filha sofria de uma febre crônica que a impedia de trabalhar. Compadecido, São Gil convidou a moça a rezar com ele. Quando lhe impôs as mãos, ela ficou boa. A fama de santidade se espalhou em Marselha, o que o constrangia. Uma noite, sem avisar a ninguém, partiu para a floresta, às escondidas, só com a roupa do corpo.

Queria viver isolado, no mato, mas encontrou no caminho outro ermitão, grego como ele, que se chamava Veredônio e foi, mais tarde, bispo de Avinhão. Esse companheiro, mais velho, tinha experiência em meditação espiritual. Sob sua orientação, São Gil progrediu aos poucos na técnica de meditar.

Ao saber da presença de dois monges naquele vale, os camponeses do Ródano recorreram a eles, pedindo orações contra a seca prolongada, que devastava suas plantações. Nessa noite caiu uma chuva abundante.

Outros pedidos no gênero foram atendidos. São Gil dizia sempre que as graças alcançadas se deviam às preces de seu mestre. Certo dia, porém, trouxeram um doente grave para ser curado e Veredônio não estava em casa. O jovem monge pediu que os visitantes esperassem a volta do companheiro.

As horas se passavam. Como o doente sofria cada vez mais, São Gil dispôs-se a ajudar. Rezou com muito fervor, impôs as mãos e deu-se a cura. Para seu desagrado, a história se espalhou. Passados alguns dias, o santo se despediu de Veredônio, mudando-se para um lugar mais afastado.

Seu novo refúgio, uma gruta escondida no mato, junto a um riacho, era o lugar com que sonhava, desde a Grécia, para se isolar. Ele podia, agora, passar as noites em oração e os dias em jejum, sem ser importunado com pedidos de milagres. Quando tinha fome, comia as ervas e raízes que encontrava no mato. Até que apareceu na sua caverna uma gazela para lhe fazer companhia. Ela fornecia leite para sua alimentação.

A tranqüilidade na gruta foi perturbada por uma caçada de Flávio Wamba, rei dos visigodos, que se orgulhava de ter, entre os ascendentes, Vespasiano, imperador romano. Uma flecha lançada contra sua gazela feriu São Gil no braço, segundo a lenda, mas histórias semelhantes foram atribuídas a numerosos santos na Idade Média.

Ao se dar conta de que o homem com a flecha atravessada vivia uma vida de oração, o rei lhe pediu perdão. Ofereceu dinheiro e médico para tratar o ferimento. O santo não quis aceitar nada, dizendo: "Deixe-me assim porque esta ferida serve para pagar a Deus meus muitos pecados."

Como o rei insistia em ajudá-lo, São Gil aceitou que um convento fosse construído, ali perto, para receber os jovens que desejassem seguir o caminho da santidade. Nasceu assim, na região de Nimes, na Provença, por volta do ano de 680, o mosteiro de São Gil, de que ele próprio foi o primeiro abade. Só então o santo admitiu ser ordenado sacerdote.

Num domingo apareceu lá o rei da França, que era Carlos Martel ou Carlos Magno, para assistir à missa de São Gil. No meio da celebração, um anjo depositou no altar um pergaminho em que estava anotado um antigo pecado que o rei tinha vergonha de confessar. Ao ler a mensagem, o rei chorou muito, arrependeu-se, confessou-se e saiu em paz. São Gil por esse motivo é invocado contra a vergonha que leva alguns pecadores a omitir na confissão certos pecados.

Antes de morrer, ele fez uma peregrinação a Roma para venerar as relíquias dos mártires. O papa Bento II lhe deu duas portas de cedro para a igreja do mosteiro. Confiando na Divina Providência, o santo jogou o presente no Rio Tibre. Quando voltou à França, as portas já estavam no porto, à sua espera, trazidas pelas ondas do mar.

Conta-se que, certo dia, um dos monges do seu mosteiro duvidou da virgindade de Maria e, acanhado, escreveu três perguntas na areia. Como resposta, três lírios brancos brotaram no chão árido.

Já velho, o santo sonhou uma noite que morreria no primeiro domingo de setembro. Foi o que aconteceu por volta do ano 700 da era cristã.

Devoção

Além de ser um dos Quatorze Santos Protetores, São Gil fazia parte ainda dos Cinco Bem-Aventurados Privilegiados, ao lado de São Brás, São Cristóvão, São Dinis e São Jorge. Veneração especial era tributada a ele, depois das Cruzadas, não só na França como nos países de língua alemã. A crença infundada de que seus devotos são dispensados da confissão contribuiu para sua popularidade.

São Gil foi sepultado na igreja do seu mosteiro, poucos quilômetros a oeste de Arles, perto do estuário do Ródano. A pequena cidade de Saint-Gilles du-Gard, junto ao mosteiro, tornou-se, no século XI, escala obrigatória para os peregrinos que iam a Roma ou Santiago de Compostela. A estrada ficou conhecida na cristandade como o caminho de São Gil.

Quando o papa Urbano II foi à França, em 1095, para promover as Cruzadas, deteve-se no mosteiro, onde consagrou o altar-mor, antes de ser construída uma basílica em estilo romano-bizantino.

Em 1562, durante as guerras de religião, na França, os monges levaram as relíquias de São Gil, em segredo, para a catedral de Toulouse, com medo de que fossem saqueadas pelos protestantes huguenotes. Reconhecidas como autênticas em 1807, elas estão agora num nicho gótico da cripta.

Depois que os ossos dele foram levados para Toulouse, o interesse dos devotos por Saint-Gilles-du-Gard diminuiu bastante. Só em 1865, três séculos depois, quando o antigo túmulo foi redescoberto, deu-se aos poucos o retorno dos peregrinos.

No dia 29 de julho de 1865, os operários que faziam escavações nos subterrâneos da basílica de Saint-Gilles encontraram 64 fragmentos de ossos, embaixo de uma pedra, em que se lia esta inscrição em latim: "IN H. TML. QI. C. B. AEGD." As palavras abreviadas foram traduzidas assim: "Neste túmulo repousa o corpo de São Gil."

Com os ossos foram achados três pedaços de ferro em ponta — talvez a extremidade da seta que trespassou seu braço, guardada como relíquia pelos monges do mosteiro. Na ocasião muitos doentes se declararam curados depois de rezar diante das relíquias.

Existem no mundo mais de mil paróquias de São Gil. Só no Reino Unido são 162 igrejas, tanto católicas como anglicanas. Entre elas, a de

Saint-Gilles Criplegate, em Londres, e a igreja presbiteriana de Edimburgo, na Escócia.

No ano de 1117, a rainha Matilda, mulher de Henrique I, fundou o Leprosário de São Gil em Londres. São 24 os hospitais ingleses com seu nome. Quando havia pena de morte na Inglaterra, os condenados a caminho da execução costumavam passar no Saint Giles Hospital para tomar a famosa sopa de São Gil antes de morrer.

Dois vitrais e uma escultura no portal sul da catedral de Chartres, na França, datados de 1220, mostram a história do pecado que o rei da França tinha vergonha de confessar. O túmulo de Carlos Magno, em Aix-la-Chapelle, na Alemanha, está decorado também com imagens inspiradas nessa lenda.

Data

Comemorado em 1º de setembro. Com a reforma do calendário litúrgico, em 1969, a data saiu do Missal Romano. O Martirológio Romano assinala o seguinte no seu dia: "Comemoração de São Gil, abade, que deu nome a uma aldeia em Narbonne, na Gália, onde fundou um mosteiro, no qual, segundo a tradição, terminou o curso de sua vida mortal."

Etimologia

Gil é abreviatura de Egídio, que vem do grego *aigídios*, cabritinho, ou de *aigidos*, o que protege ou é protegido. Segundo outra versão, Egídio significaria filho de Egeu, rei da Ática, pai de Teseu. Em latim, Aegidius. Em espanhol, Gil e Egidio. Em francês, Gilles e Égide. Em italiano, Egidio. Em inglês, Giles. Em alemão, Gille, Gill, Agidius e Agilius.

Especialidade

Invocado contra o medo, o pânico, o terror noturno, o delírio da febre, as convulsões, a epilepsia (mal de São Gil), as doenças nervosas, as doenças mentais, a loucura, a demência, a senilidade e a possessão demoníaca. Protege em caso de abandono e contra as desgraças em geral. Invocado nas dores do ouvido, úlceras, tumores, câncer de mama, câncer em geral, lepra, doenças contagiosas, peste, epidemias e também nas doenças do gado. Invocado pelos casais sem filhos contra a infertilidade. Protege contra tempestades, granizo, terremotos, seca e incêndios. Invocado para fazer boa confissão e esquecer os pecados perdoados.

Patrocínio

É o patrono dos coxos, aleijados, inválidos, leprosos, epiléticos, cancerosos, maltrapilhos, mendigos, mordidos por serpentes, eremitas, náufragos, ferreiros, carneiros, cavalos e florestas. Patrono também das crianças e das mães que amamentam. Padroeiro de Edimburgo, na Escócia, Nuremberg, na Alemanha, e Toulouse, na França.

Relíquias

Seus ossos estão na basílica de Saint-Gilles-du-Gard, perto de Arles, e na catedral de São Saturnino, em Toulouse, na França. Um fragmento do crânio estaria em Colônia, na Alemanha. Um dedo, em Antuérpia, na Bélgica. Outros ossos, em Bruges e Tournai, na Bélgica; em Bamberg, na Alemanha; em Praga, na República Tcheca; e em Graz, na Austria. Também há relíquias em três igrejas italianas: São Gil, em Latrônico, Santos Estêvão e Inácio, em Bolonha, e Santa Ágata, em Roma.

Imagens

Representado em trajes de monge beneditino, com uma gazela ao lado e uma flecha na mão ou, então, com um cajado e um livro.

Superstições

Na Europa, o dia de São Gil define como será o tempo no outono. Os pecuaristas, na Espanha, levam erva doce para benzer, no dia 1º de setembro, como remédio contra doenças do gado. Na diocese de Colônia, na Alemanha, criança que chora muito é chamada de Gil-chorão.

Topônimos

Dezenove cidades francesas se chamam Saint-Gilles. Também são numerosas, na Alemanha, as aldeias com variações de seu nome: Gillenberg, Gillersheim, Gilden, Gilersdorf, St. Gilgen, Ilgesheim e St. Agyd.

Outros santos

Três outros santos devem o nome a ele: Santo Egídio de Abruzzo, eremita italiano do século X; São Gil de Casayo, eremita espanhol que viveu no século XIII; e São Gil de Assis, companheiro de São Francisco, que morreu em 1272. Entre os beatos, há o português Gil de Santarém, nascido em Vizeu, por volta de 1190. Conhecido por ter estudado magia negra em Paris, antes da conversão, Gil de Santarém inspirou um conto de Eça de Queirós, que tem o título "São Frei Gil", no livro *Vidas de Santos*.

Orações a São Gil

São Gil, grande santo, a quem Deus concedeu poder especial contra o medo, dignai-vos a nos proteger contra todo temor, dando-nos coragem no meio dos perigos deste mundo, força nas tentações e resignação nas provações da vida. Mas, se há um temor que devamos ter, é o temor de Deus; pedi, portanto, para nós ao Divino Mestre este dom precioso e a graça de viver no seu santo amor. Socorrei-nos, sobretudo, na hora derradeira, quando nossa alma, trêmula à vista de nossos pecados, será tomada pelos horrores da morte; nesse momento terrível acorrei em nossa ajuda, defendei-nos contra os terrores do inferno, e, quando comparecermos diante do soberano juiz, para ouvir a sentença definitiva que determinará nossa sorte, suplicai-lhe que não nos afaste, mas nos receba nos braços de sua misericórdia. Assim seja.

São Gil, que por vossas preces tendes a possibilidade de suspender os temporais e afastar as tempestades, alcançai do Senhor que o trovão que reboa sobre nossas cabeças não castigue nossas infidelidades e ingratidões; que seu ruído não sirva senão para nos fazer entrar em nós mesmos, e que ele nos lembre como é terrível cair nas mãos de um Deus irritado. Obtende para nós a dor de nossas faltas e a graça de não sermos jamais surpreendidos pela morte em estado de pecado mortal. Assim seja.

Ó São Gil, vós que o Senhor cumulou de graças, dignai-vos de interceder por nós junto a Deus e alcançai-nos a perseverança e a graça de (...) que solicitamos por Nosso Senhor Jesus Cristo, amém.

Ó São Gil, que desde a juventude vivestes uma vida pura e agradável a Deus, assisti-nos com vossa poderosa intercessão para que eu, iluminado pela luz do Espírito Santo, possa não só ter consciência da gravidade de meus pecados como confessá-los todos, para que receba o perdão de Deus e a fim de que a paz e a quietude sejam devolvidas à minha alma. Por Jesus Cristo, Nosso Senhor, amém.

15 de junho
SÃO GUIDO
contra a epilepsia

Nas primeiras décadas do segundo milênio, alguns alemães acreditaram, por motivos obscuros, que obteriam um ano de saúde e prosperidade se dançassem à meia-noite diante de uma imagem de São Guido. Foi o que aconteceu no dia 31 de dezembro de 1021, em Kölbigk, perto de Bernburg, na Renânia, quando 18 homens e mulheres, após quatro anos de infelicidades, começaram a dançar, sem parar, na frente da igreja local. Ao cabo de alguns dias, vários morreram de exaustão e os outros contraíram tremores até o fim da vida.

Dançar até não poder mais tornou-se, nessa época, uma obsessão para os alemães nos *revéillons*. Os dançarinos se deslocavam, de uma cidade para outra, dançando em procissão. Esse comportamento compulsivo foi confundido com a coréia ou dança-de-São Guido, distúrbio que provoca, na pessoa, movimentos involuntários e irregulares.

São Guido, também conhecido como São Vito, é o mais jovem dos Quatorze Santos Protetores: sofreu o martírio aos 12 anos de idade, no reinado de Diocleciano, depois de realizar milagres e conversões na

Lucânia, antiga província romana no sul da Itália. Nascido na Sicília por volta de 291, morreu em 303 na cidade de Roma.

Só se conhece de sua vida o que está narrado numa *Paixão* sem valor histórico, escrita quatrocentos anos depois. Embora a história dele se pareça com a de outros mártires da mesma época, acredita-se que São Guido viveu de fato na Lucânia, entre o litoral da Toscana e o golfo de Taranto. Tanto que, em 430, seu dia foi incluído no Martirológio Pseudo-Jeronimiano com a menção *In Lucania Viti.*

O menino seria filho de um pagão muito rico, senador na Sicília. Dois empregados cristãos, que trabalhavam em sua casa, a ama Crescência e o preceptor Modesto, ensinaram-lhe o catecismo e sofreram com ele o martírio. Há indícios, contudo, de que São Guido era, no começo, venerado sozinho, e só no século VII foram acrescentados à história os nomes lendários de Modesto e Crescência.

Seus milagres atraíram a atenção do governador da Sicília, que o convocou ao templo de Júpiter para adorar os ídolos pagãos. Apesar da idade, manteve-se firme na fé e, com a ajuda dos anjos, conseguiu fugir. Primeiro para a Lucânia, onde pregou o Evangelho. Depois para Roma, onde o imperador Diocleciano o submeteu a torturas e mandou executar, apesar de ter curado de epilepsia um filho dele. O rapaz sofria de dança-de-São-Guido.

Como Diocleciano só teve filhas, trata-se de outra invenção do fantasioso autor da sua *Paixão* — graças à qual o santo se tornou, na Idade Média, o patrono dos dançarinos e das pessoas com distúrbios nervosos.

Seu culto, que surgiu na Lucânia, espalhou-se com rapidez no sul da Itália, cujos comerciantes se incumbiram de propagá-lo em Roma, onde o papa Gelásio, no final do século V, dedicou uma igreja a São Guido.

Lendas

São Guido nasceu numa família pagã da Sicília. Era filho de um senador romano chamado Hilas, mas foi educado por um casal de cristãos, Modesto e Crescência, que o batizaram à revelia dos pais.

Quando tinha 12 anos, começaram seus problemas com as autoridades. Ao retomar a educação do filho, o senador descobriu, com grande desgosto, que o menino era batizado. Muito novo, São Guido já curava os doentes e convertia os pagãos com suas pregações, o que chegou ao conhecimento de Valeriano, governador da Sicília.

Pouco adiantaram os carinhos e as surras do pai. Guido não mudou de crença. Foi preso com a ama e o preceptor. Quando o governador da Sicília mandou espancá-lo, para que adorasse os ídolos, o braço dos espancadores e sua própria mão secaram de repente.

Valeriano ficou desesperado: "Ai de mim que perdi a mão direita!" São Guido lhe fez um desafio: "Recorra a seus deuses para ver se eles dão um jeito." O governador quis saber se o santo seria capaz de curá-lo. O menino respondeu que sim: "Sim, em nome de Jesus Cristo." Rezada uma breve oração, Valeriano e seus prepostos recuperaram o movimento dos braços. Impressionado com o milagre, o governador mandou soltar os três cristãos, dizendo ao senador: "Leve seu filho para casa, antes que lhe aconteça uma desgraça."

O pai tentou convencer o menino com músicas e brinquedos. Chegou a contratar prostitutas para seduzi-lo. Sem resultado. Uma noite, ao entreabrir a porta do quarto, onde São Guido estava trancado, sentiu um perfume maravilhoso. Anjos tocavam harpas em torno do filho. Ele comentou com a mulher: "Os deuses vieram à nossa casa." Ofuscado, porém, pela luz sobrenatural que envolvia o menino, ficou cego de repente.

Seus gritos de desespero atraíram uma multidão. O próprio Valeriano veio saber o que estava acontecendo na casa do senador, que disse, horrorizado: "Vi deuses de fogo e não pude suportar o clarão."

Conduzido ao templo de Júpiter, prometeu aos sacerdotes que daria à divindade um touro com chifres de ouro se recuperasse a visão. Sem resultado. Só as orações do filho conseguiram que voltasse a enxergar.

O milagre não demoveu o pai, disposto a puni-lo se não abandonasse a fé. Foi quando um anjo apareceu a Modesto e Crescência, dizendo que pegassem o menino e fugissem para Roma. Durante a viagem de navio, uma águia trazia do céu a alimentação para os três cristãos, que fizeram numerosas curas nos portos por onde passaram.

Coincidiu que, em Roma, o filho do imperador Diocleciano estava possuído por um demônio, que dizia: "Só sairei deste corpo se mandarem buscar um siciliano de 12 anos chamado Guido." Quando o menino foi localizado nas ruas da capital, Diocleciano perguntou-lhe se poderia curar seu filho. Ele respondeu: "Só Jesus Cristo, meu mestre, é capaz de curá-lo. Vou pedir." Impôs as mãos no rapaz e o demônio se retirou, deixando um cheiro de enxofre na sala.

Como o santo se recusava a cultuar os ídolos, o exorcismo foi atribuído a feitiçaria. Diocleciano tentou convencê-lo: "Tenha compaixão de si próprio. Se não adorar os deuses romanos, vai sofrer uma morte horrível." São Guido continuou inflexível. Foi preso, com Modesto e Crescência, numa cela escura, à espera da execução, mas à noite suas correntes se soltaram e uma luz misteriosa iluminou a prisão.

No dia seguinte começaram os suplícios. Diocleciano mandou os três para uma fornalha, da qual saíram sem queimaduras. O leão que foi solto na arena para devorar Guido, Modesto e Crescência deitou-se e lambeu os pés do menino. Por fim, quando iam ser esquartejados, ouviu-se um trovão, a terra tremeu e os templos desabaram, esmagando grande número de pagãos. O imperador abandonou a cidade, dizendo: "Uma criança me derrotou."

Durante o terremoto, os três mártires foram transportados pelos anjos para a beira de um rio, na Lucânia, onde morreram, felizes, dando graças ao Senhor. São Guido, antes de morrer, pediu a Deus que jamais sofressem de doenças convulsivas os cristãos que celebrassem o aniversário de seu martírio.

Devoção

O culto do jovem mártir, na Itália, remonta ao século V. Nos escritos do papa Gelásio (492-496) está citado um santuário de São Guido, inaugurado por ele em Roma. Há registros também de que, no pontificado de São Gregório Magno (590-604), havia um mosteiro do mesmo nome na Sicília e outro na Sardenha.

A devoção na Europa, estimulada por Carlos Magno para combater os resquícios do paganismo, espalhou-se no século VIII, depois que suas relíquias, oferecidas pelo papa Zacarias (741-752), foram levadas de Roma para a França pelo abade Fulrado, de Saint-Denis, subúrbio de Paris.

As relíquias, porém, não ficaram na França. Em 835, foram transferidas para a abadia de Corvey, na Vestfália, de onde o imperador alemão Henrique I, conhecido como o Passarinheiro, separou um braço, em 924, e o enviou, em sinal de amizade, ao rei da Boêmia, São Venceslau.

Ao receber o presente, São Venceslau mandou erguer uma igreja em seu palácio de Praga. Essa igreja, reconstruída por Carlos IV em 1346, é agora a catedral de São Vito na República Tcheca. O outro braço está na igreja romana dos Santos Vito, Modesto e Crescência, inaugurada em 1586.

Apesar disso, não há certeza de que os ossos doados pelo papa sejam mesmo de São Guido da Lucânia. Suspeita-se, com grande probabilidade, que fossem de outro mártir romano do mesmo nome. Tanto mais que, cinqüenta anos depois do traslado, uma mulher de Salerno, chamada Florência, tendo escapado a um naufrágio graças a São Guido, sonhou com o local de sua sepultura verdadeira. O santo, no sonho, pedia que seus restos mortais, até então escondidos, fossem levados para Polignano-a-Mare, perto de Bari, na Puglia, onde Florência construiu um santuário.

Mil e trezentas igrejas com seu nome comprovam a popularidade na Europa. São Guido continua querido na Itália e nos países de língua alemã, onde é invocado contra as doenças de origem nervosa, sobretudo a coréia, cujo nome vem do grego *chorós*, como eram chamadas as danças que os discípulos de Orfeu praticavam em volta dos doentes na tentativa de curá-los.

A coréia começou a ser estudada por volta do segundo milênio, quando se espalhou ao longo do rio Reno, na Alemanha, a mania de dançar sem parar. Era um impulso irresistível e contagioso. Milhares de dançarinos, nessa época, percorriam as estradas de Colônia a Frankfurt e de Frankfurt a Zurique, atraindo seguidores pelo caminho. O fenômeno se repetiu em 1021, 1374, 1414 e 1518, sendo confundido com a dança-de-São-Guido, hoje denominada doença de Sydenham.

Data

Comemorado em 15 de junho. A festa litúrgica não consta do Missal Romano desde a reforma do calendário em 1969. A última edição do Martirológio Romano diz no seu dia apenas o seguinte: "Comemoração de São Guido, mártir na Lucânia."

Etimologia

Guido vem do antigo alemão Wido, belicoso, latinizado para Vitus, por influência de *vita*, vida. Em francês. Guy, Guidon e Vite. Em inglês, Vitus. Em italiano e espanhol, Guido e Vito. Em alemão, Weit e Vitus.

Especialidade

Invocado contra a epilepsia, a agitação nervosa, as doenças convulsivas, a letargia, a histeria, as neuroses, as obsessões, o medo da água, a possessão demoníaca, a loucura e a coréia ou dança-de-São-Guido. Também contra a sonolência, o sono prolongado, o sono pesado e a insônia. Invocado para acordar na hora certa. Protege os coxos, os surdos, os mudos, os cegos e as crianças que urinam na cama. Protege contra a incontinência urinária e a eclâmpsia. Invocado contra picadas de insetos, mordidas de cobra ou de répteis, hidrofobia, mordidas de cachorro e ataques de animais. Também contra terremotos, temporais, tempestades e relâmpagos.

Patrocínio

É o patrono dos jovens, dos atores, dos cômicos, dos bailarinos e dançarinos e dos caldeireiros, cervejeiros, taberneiros, farmacêuticos e mineiros. Protetor dos nus e dos miseráveis. Protetor dos cachorros e animais domésticos, inclusive as galinhas. Padroeiro de Praga e da República Tcheca. Padroeiro também da Pomerânia e da Saxônia, na Alemanha, da Sicília e da Sardenha, na Itália.

Relíquias

Seus ossos são venerados na abadia de Corvey, na Vestfália, Alemanha. Um braço está na catedral de São Guido, em Praga, na República Tcheca. O outro braço, na igreja romana dos Santos Vito, Modesto e Crescência. Há relíquias em mais dois lugares da Itália: a basílica dos Doze Apóstolos, em Roma, e a matriz de Polignano-a-Mare, na Puglia.

Imagens

São Guido é representado como um adolescente com uma palma e um livro nas mãos. Em geral acompanhado de dois cachorros ou de um galo. A seus pés, um caldeirão em miniatura.

Outros santos

Além de São Vito da Lucânia, que sofreu o martírio no reinado de Diocleciano, houve mais dois mártires com seu nome: São Vito de Nicomédia, morto com Leôncio, Ciríaco e Cindeu, e São Vito de Roma, morto com Teodoro, Antenedoro e Cereal.

Orações a São Guido

Ó Deus, que encorajastes São Guido nas provações de seu martírio, dignai-vos a afastar de mim a covardia. Concedei-me, eu vos peço, paciência nas provações, tornando firme a minha vontade a vosso serviço. Mostrai-me o vosso poder e dignai-vos a me conceder a graça que vos peço de (...) por Nosso Senhor Jesus Cristo. Amém.

~

Senhor, nosso Deus, concedei que honremos, com um culto continuado, as palmas de vosso mártir São Guido e que mereçamos encontrar nele um advogado poderoso a vossos pés para obter o socorro que imploramos, neste momento, a vossa misericórdia.

~

São Guido, glorioso mártir, cujos méritos Deus recompensou com grandes milagres, vós que vistes os animais ferozes se deitarem, trêmulos, a vossos pés, defendei-nos contra os animais furiosos: livrai nossa alma das armadilhas do demônio que, como um leão enrai-

vecido, procura nos devorar; não permitais que adormeçamos no sono da indiferença e do pecado, mas alcançai do Senhor que, ao deixar as trevas deste mundo, possamos gozar da eterna claridade. Assim seja.

~

São Guido, jovem herói e mártir de Jesus Cristo, que vos tornastes, com vossa firme fé e vossa pureza, um modelo para os jovens, rogai por nós.

Oremos: São Guido, ajudai-nos a professar nossa fé quando as dificuldades chegarem, e nos conduzi pelos perigosos caminhos da vida até a meta celeste. Por Jesus Cristo, Nosso Senhor, amém.

~

Nós vos suplicamos, Senhor, pela intercessão de vosso mártir São Guido, que sejamos livres de todo orgulho, aumentando em nós a humildade, para que odiemos o mal e busquemos o bem. Por Cristo, Nosso Senhor, amém.

23 de abril
SÃO JORGE
contra as doenças da pele

São Jorge é venerado, no Oriente Médio, não só pelos católicos romanos e pelos cristãos orientais como também pelos muçulmanos, que o chamam, nos países árabes, Gerghis, El Khider ou, por extenso, El Khider Abu Al Abba, isto é, o profeta Jorge dos Sete Milagres.

Os sírios lhe prestam culto no mosteiro de Alhumarah, numa estrada romana, a 75 quilômetros de Homs. Há também pequenos santuários em Ramalah e Beit Jala, na Palestina, sem esquecer a basílica de Lod, a 16 quilômetros de Telavive, construída sobre seu túmulo e freqüentada, dia e noite, por mulheres muçulmanas que lhe fazem promessas.

Desde que a devoção aos Santos Protetores surgiu na Idade Média, São Jorge costuma encabeçar a lista dos 14. Nenhum santo da Antiguidade foi tão popular quanto ele no Ocidente e no Oriente. Venerado tanto na Igreja Oriental quanto na Igreja Romana como um dos maiores mártires cristãos, seu culto remonta ao século IV.

Os cristãos gregos deram-lhe o título de megalomártir — o grande mártir. São João Crisóstomo chamou-o de príncipe dos mártires. O fato de ter sido o patrono das Cruzadas contribuiu para seu enorme prestígio na Europa.

Natural da Capadócia, região da Ásia Menor que corresponde ao norte da Turquia atual, São Jorge teria nascido na cidade de Nicomédia, por volta de 270, e morreu, segundo a tradição, no dia 23 de abril de 303, durante o reinado de Diocleciano, em local ignorado. Os devotos acreditam que está sepultado em Lida ou Dióspolis, na Palestina, cidade que passou a chamar-se Lod quando surgiu o Estado de Israel.

A *Legenda Áurea* apresenta-o como o paladino da Capadócia. Por ser um homem forte, de compleição robusta, seguiu a profissão militar, a exemplo do pai: aos 18 anos, alistou-se no Exército romano, tendo merecido, por seu desempenho em combate, sucessivas promoções até a patente de tribuno, que corresponde, hoje, ao posto de coronel na hierarquia militar.

Embora o aspecto mais popular de sua lenda seja a luta contra o dragão para salvar uma princesa, não há nos textos antigos referência ao episódio que teria sido acrescentado pelos copistas, depois da Primeira Cruzada. Pertence, por esse motivo, à categoria dos santos matadores ou domadores de dragões: Santo André, Santo Hilário de Poitiers, São Magno de Füssen, Santa Marta, Santa Margarida, São Miguel, São Romão, São Silvestre e São Vítor.

Entre os Quatorze Santos Protetores, São Jorge figura, junto com São Brás, São Cristóvão, São Dinis e São Gil, na lista dos Cinco Bem-Aventurados Privilegiados. É também um dos Sete Campeões da Cristandade, título dado na Idade Média a sete santos da Inglaterra, Escócia, Irlanda, Gales, França, Espanha e Itália: São Jorge, Santo André, São Patrício, São Davi, São Dinis, São Tiago e Santo Antônio.

Lendas

Quando São Jorge era oficial do exército romano, chegou, certo dia, a Selena, na província da Líbia. Havia ali um charco onde vivia um dragão, cujo hálito pestilento contaminava a atmosfera toda vez que rondava, com fome, as muralhas da cidade.

Para evitar que o monstro dizimasse a população, ficou acertado que a cidade lhe daria, a cada dia, duas ovelhas para comer. Com o passar dos meses, o rebanho ficou tão reduzido que a solução foi sacrificar um rapaz ou moça. As vítimas eram escolhidas num sorteio, a que nenhuma família do reino escapava.

No dia em que São Jorge chegou a Selena, tinha sido sorteada para morrer a princesa Cleolinda, filha única do rei, que ficou desesperado e propôs ao povo da cidade: "Tomem todo o meu ouro e minha prata, contanto que Cleo não seja entregue ao dragão."

O próprio rei, no entanto, havia decretado que todos os rapazes e moças, sem exceção, participariam do sorteio. Foi o que a multidão lembrou a ele: "Agora que muitos dos nossos filhos morreram nas garras do monstro, o senhor pretende isentar sua filha? Não. É preciso que ela seja sacrificada também. Do contrário, queimaremos seu palácio com o senhor e a rainha."

Vestida de noiva, a moça caminhava para o charco, em lágrimas. São Jorge avistou-a na estrada e desceu do cavalo para perguntar o que estava acontecendo. Dispensando ajuda, a princesa pediu que o cavaleiro fosse embora. Do contrário, ele também seria comido pelo dragão, junto com ela. O santo, porém, insistiu em ficar a seu lado para protegê-la.

Ao saber da ameaça a que o povo de Selena estava submetido, São Jorge montou no cavalo, fez o sinal-da-cruz e partiu a galope, de lança em riste, para enfrentar o dragão, cuja cabeça já aparecia à beira do pântano.

Derrubado o monstro com um só golpe, ele disse à princesa que prendesse com seu cinto de couro o pescoço do inimigo. Quando ela o puxou, o dragão ferido passou a segui-la, como um cãozinho preso à coleira.

Vendo a princesa que voltava do pântano, com um cavaleiro desconhecido e o dragão atrás, os habitantes do reino se trancaram em casa, amedrontados, mas o santo os chamou de volta: "Homens e mulheres de Selena, não tenham medo, pois Jesus Cristo me permitiu que os livrasse do perigo. Peço que acreditem em Deus e recebam o batismo. Vou matar o dragão que os ameaçava há muito tempo."

Morto o inimigo no centro da cidade, foi preciso uma carroça, puxada por quatro juntas de bois, para despejar a carcaça no deserto. São Jorge batizou o rei, a rainha e a princesa, além de 20 mil homens e uma multidão de mulheres e crianças. Agradecido, o rei mandou construir uma igreja, para celebrar a vitória, e ofereceu ao santo muito dinheiro, que ele distribuiu com os pobres, antes de prosseguir viagem.

Ao chegar à sua casa, na Palestina, teve conhecimento de que, por ordem de Diocleciano, a perseguição contra os cristãos tinha recomeçado nas províncias romanas do Oriente. Dezessete mil fiéis haviam sofrido o martírio e muitos abandonavam a fé para escapar da morte.

Quando leu, na parede do seu quartel, os decretos que obrigavam os soldados cristãos a oferecer sacrifícios aos ídolos, o santo rasgou os cartazes. Os companheiros tentaram dissuadi-lo, lembrando o prestígio que gozava junto ao comando militar, mas São Jorge renunciou à sua patente, tirou o uniforme, vestiu o manto dos cristãos e foi à grande praça, onde anunciou aos que passavam: "Saibam todos que só Jesus Cristo é o Senhor. Os deuses romanos estão a serviço do demônio em busca de nossa perdição."

Diante do escândalo, o governador da província, Daciano, deu ordens para que o militar insubordinado fosse preso. Levado ao palácio, ele se apresentou: "Eu me chamo Jorge. Descendo de uma família nobre da Capadócia. Com a ajuda de Deus, combati na Palestina, como tribuno, a serviço do imperador, mas estou renunciando às honras militares para servir, como cristão, a Jesus Cristo, único Deus verdadeiro".

Para castigar sua insubordinação, Daciano manda estendê-lo no cavalete em que os cristãos eram torturados. São Jorge resiste ao suplício, com a ajuda de Cristo, que lhe aparece à noite, para confortá-lo, envolto numa luz celestial. O santo é informado pelo Senhor de que seus tormentos se prolongarão por sete anos, durante os quais haverá de morrer três vezes e três vezes ressuscitar, antes da morte definitiva, quando receberá a coroa da glória.

Contratado por Daciano, um mágico da Palestina, Atanásio, famoso por seus poderes, leva ao prisioneiro uma taça de vinho envenenado, que ele bebe, sem qualquer efeito. Surpreendido com o milagre, o mágico se converte e é decapitado.

Sessenta pregos são enfiados, com marteladas, na testa do santo. Duas rodas com dentes pontiagudos cortam em dez pedaços seus braços e pernas. Jogado no fundo de um poço, São Jorge salta à superfície, como se nada tivesse acontecido. Tendo assistido à ressurreição, os torturadores se convertem e aceitam o martírio.

Sem se impressionar com o fenômeno, Daciano dá ordens para dividi-lo ao meio com uma serra afiada. As duas partes do corpo são cozinhadas num caldeirão de chumbo derretido. Ouve-se, então, um estrondo e o morto mais uma vez retorna à vida.

No correr dos dias, multiplicam-se os milagres. Trazem do cemitério um sarcófago com ossos antigos que viraram cinza. Desafiado por Daciano, São Jorge ressuscita cinco homens, nove mulheres e duas crianças que morreram há 460 anos. Depois de batizados, todos eles voltam às cinzas.

Espancado, queimado e esquartejado, o santo é entregue às aves de rapina, no alto de um morro, para ser comido. Minutos depois, ele se levanta, chama de volta os soldados que tinham largado seus restos mortais, faz brotar na pedra uma fonte de água cristalina e batiza o pelotão inteiro "em nome do Pai, do Filho e do Espírito Santo".

Mudando de tática, o governador tenta convencer o ex-oficial a acompanhá-lo numa visita ao templo de Apolo. São Jorge finge aceitar o convite. Daciano pensa que o prisioneiro cristão vai oferecer sacrifícios aos deuses pagãos. O povo é convocado para assistir. A multidão se aglomera na expectativa. São Jorge se dirige à estátua de Apolo. Ela própria diz em voz alta: "Sou um instrumento do demônio." Basta o santo soprar no pedestal e a estátua vira pó. Os ídolos do templo desmoronam, um a um. A imperatriz, que assistia ao milagre, se converte.

São Jorge, agora, será decapitado. Conduzido à porta do templo, ele reza, invocando o fogo do céu. Começa uma tempestade. Raios matam o governador da Palestina, seus 72 convidados e todos os pagãos presentes.

Antes de ser executado, o santo faz um último pedido: que sejam atendidas por Deus as preces dos que, no futuro, invocarem seu nome nas dificuldades da vida. Uma voz nas nuvens responde que sim. Sabendo que vai para o céu, o mártir entrega a cabeça ao carrasco.

O autor da história termina seu relato com estas palavras: "Eu, Pasícrates, servo de Jorge, estive presente durante os sete anos de sua paixão e eu mesmo anotei por escrito tudo o que sofreu. Trinta mil e novecentos homens, além da imperatriz Alexandra, foram convertidos por ele à fé cristã."

Devoção

Meio século depois do seu martírio, São Jorge era venerado como santo nas comunidades cristãs do Oriente Médio, conforme se depreende de uma inscrição em grego, com data de 368, descoberta nas ruínas de Eracléia, na Síria. A placa de mármore designa uma "casa (ou igreja) do vitorioso mártir Jorge e seus companheiros".

A primeira *História da Igreja*, escrita por Santo Eusébio de Cesaréia em 322, já mencionava um soldado de origem nobre, martirizado, em Nicomédia, no dia 23 de abril de 303, durante o reinado de Diocleciano.

A primeira *Paixão* de São Jorge, escrita no século seguinte por um grego chamado Pasícrates, registra que ele morreu em 303, no oitavo dia antes das calendas de maio à hora sexta, isto é, em 23 de abril ao meio dia. É do começo ao fim uma história inacreditável, pura ficção. Tanto que, em 495, o papa Gelásio decidiu incluí-la na lista dos livros apócrifos.

Uma autoridade no assunto, o jesuíta Hippolyte Delahaye, acha que essa *Paixão* supera em extravagância tudo o que de mais ousado imaginaram, na Antiguidade, os primeiros autores de vidas dos santos. Sob esse aspecto, diz ele, a lenda de São Jorge poderia figurar entre os contos das *Mil e Uma Noites.*

Embora o local de seu martírio seja controvertido, acredita-se que foi sepultado em Lida, na Palestina, conforme uma tradição que remonta ao século IV, quando sua cabeça teria sido levada como relíquia para Roma.

Lida é citada nos Atos dos Apóstolos, no Novo Testamento, como o lugar onde São Pedro fez um de seus primeiros milagres depois da morte de Cristo: foi nessa aldeia que o apóstolo curou um paralítico chamado Elias.

Em torno do ano 200, os romanos mudaram o nome de Lida para Dióspolis, em homenagem do deus Júpiter. Durante o império bizantino, era conhecida como Giorgiópolis. Com a chegada dos muçulmanos à Palestina, em 636, tornou-se Al-Lydd, versão árabe de Lida. Em julho de 1948, ocupada pelos israelenses na Guerra da Independência, passou a chamar-se Lod, onde foi construído o aeroporto de Telavive.

Desde o século IV, a história de Lida está ligada ao túmulo de São Jorge. Quando o imperador Constantino se converteu ao cristianismo, em 313, mandou edificar uma igreja de São Jorge em cima do túmulo. Reconstruída várias vezes ao longo da história, essa basílica se tornou um centro de peregrinação. Até hoje os cristãos e muçulmanos acreditam, no Oriente Médio, que os ossos de São Jorge estão na cripta, embaixo do altar.

Os peregrinos europeus que foram à Terra Santa, no início da Idade Média, disseram ter visitado o túmulo de São Jorge em Lida ou Dióspolis, a 44 quilômetros de Jerusalém. Entre eles, o francês Teodósio Perigeta, em 530, e o italiano Antonino de Piacenza, em 570.

Depois que o califa Omar ocupou os Lugares Santos em 636, as peregrinações individuais à Palestina continuaram por algum tempo. Em 670, o bispo Arculfo, de Périgueux, na França, esteve em Jerusalém durante três meses. Na volta, contou ao escocês Adamnam, autor do livro *De Locis Sanctis*, que a coluna de mármore, onde São Jorge foi degolado, era venerada pelos cristãos em Dióspolis. As feições do mártir, segundo ele, ficaram gravadas para sempre na pedra. Meio século depois, o bispo alemão Vilibaldo, que visitou os Lugares Santos entre 723 e 726, também rezou no seu túmulo.

Em Jericó e Jerusalém existiam, no século VI, mosteiros de São Jorge. Seu culto logo se propagou pelos países vizinhos — a começar pelo Egito, onde lhe foram dedicados três mosteiros e quarenta igrejas. Um antigo convento do Cairo conserva os objetos pessoais do santo.

Sua devoção espalhou-se na Etiópia, em Chipre, na Grécia e nos Bálcãs, chegando à Ucrânia, à Geórgia e à Rússia. Na ilha de Chipre, há sessenta igrejas com sua invocação. A igreja de Salonica, na Grécia, seria dos anos 300. Contavam-se, no século seguinte, cinco igrejas de São Jorge em Constantinopla, onde era patrono do Exército imperial.

São Gregório de Tours, grande devoto, referiu-se a relíquias levadas para Limoges e Le Mans, na França. O rei Clóvis e a rainha Santa Clotilde lhe dedicaram, em 512, um mosteiro e várias capelas. Quando São Germano, bispo de Paris, meio século depois, inaugurou a igreja que hoje tem o nome de Saint-Germain-des-Prés, recebeu um braço de São Jorge, trazido de Jerusalém por peregrinos franceses.

No século VII, foi erguida, no bairro do Velabro, em Roma, uma igreja de São Jorge, para a qual, por volta de 741, o papa Zacarias, nascido na Capadócia, transportou em procissão seu crânio, encontrado por acaso na igreja de São João de Latrão.

A devoção chegou às Ilhas Britânicas antes da conquista normanda, entre os séculos VII e VIII. São Beda, o grande santo inglês, incluiu São

Jorge em seu martirológio, com base em informações do peregrino Arculfo. Nessa época a *Paixão* de Pasícrates já estava traduzida para o anglo-saxão.

Com a chegada dos normandos, em 1066, a devoção se difundiu na Inglaterra, onde surgiram mais de 160 igrejas de São Jorge. Na Idade Média, os ingleses chegaram ao cúmulo de atribuir-lhe cidadania inglesa.

Durante a Primeira Cruzada, teria sido visto pelos cristãos, a cavalo, de lança em riste, combatendo os sarracenos, em 1098, na tomada de Antioquia, na Síria. Tornou a aparecer, num cavalo branco, em 1192, encorajando os cruzados na batalha de Jafa, em que Ricardo I, da Inglaterra, o Coração de Leão, derrotou Saladino, o sultão que havia derrubado a basílica de Dióspolis.

Novas aparições em combate lhe deram o título de Santo das Batalhas. A lenda do santo guerreiro foi transportada pelos espanhóis para a batalha de Alcoraz, em que o exército de Aragão venceu os mouros, cujas tropas eram mais numerosas. São Jorge, segundo a lenda, combateu ao lado dos cristãos da Península Ibérica à mesma hora em que ajudava os cruzados na Síria. A batalha de Alcoraz aconteceu, porém, em 1096, dois anos antes do cerco de Antioquia, na Primeira Cruzada.

Em 1348, ao sitiar Calais, na França, o rei Eduardo III, da Inglaterra, lançou o brado *"Saint George for England"*. Inspirados nesse lema, os soldados portugueses combateram *Por Portugal e São Jorge* na batalha de Ajubarrota, em 1385, contra os espanhóis. A devoção tinha sido levada a Portugal pelos cruzados ingleses que ajudaram dom Afonso Henriques, em 1147, na tomada de Lisboa, que estava sob o domínio mouro desde o século VIII.

"For God, Saint George and King" foi o apelo do rei da Inglaterra, Henrique V, em 1415, na batalha de Azincourt, na França, que decidiu a Guerra dos Cem Anos. Shakespeare tornou célebre essa invocação ao usá-la no drama *Henrique V*. O poeta fazia anos no dia 23 de abril, que era, naquele tempo, um feriado tão importante quanto o Natal.

Em 1348, a Inglaterra escolheu São Jorge para padroeiro, substituindo Santo Eduardo, o Confessor. Nesse mesmo ano Eduardo III instituiu a Ordem dos Cavaleiros de São Jorge, conhecida como a Ordem da Jarreteira.

Sua popularidade chegou ao auge com a publicação da *Legenda Áurea,* no século XIII, quando os trovadores repetiam a lenda da luta contra o dragão, tida como uma alegoria da perseguição de Diocleciano, denominado o dragão do mal em alguns textos gregos. Suspeita-se que seja a versão cristã do mito de Perseu e Andrômeda, cuja história se passa no litoral de Jafa, não muito longe de Lida. Os cristãos libaneses acham que São Jorge matou o dragão junto ao rio que banha Beirute.

Na reforma do Missal Romano, ordenada pelo papa Clemente VII em 1523, foi suprimida a referência a esse dragão na oração de São Jorge que o celebrante rezava na missa de sua festa.

Com o advento das armas de fogo, que desvalorizaram a espada, e com o avanço do protestantismo, contrário ao culto dos santos, São Jorge perdeu popularidade. Erasmo de Roterdã tentou ridicularizá-lo, ao visitar a catedral de Cantuária, onde um braço, trazido de Jerusalém pelos cruzados, era venerado como relíquia. Apesar das críticas, o padroeiro da Inglaterra foi um dos primeiros santos reconhecidos pela Igreja Anglicana.

Seu estandarte, com uma cruz vermelha em fundo branco, ainda é a bandeira inglesa e a bandeira da Marinha britânica. Quando a Inglaterra e a Escócia se juntaram, em 1707, para formar o Reino Unido, a Union Jack reuniu, numa só bandeira, a cruz de São Jorge, venerada pelos ingleses, e a cruz de Santo André, venerada pelos escoceses.

Data

O dia de São Jorge, 23 de abril, está inscrito no Martirológio Romano: "Comemoração de São Jorge, mártir, cuja carreira gloriosa em Dióspolis ou Lida, na Palestina, todas as igrejas do Oriente e do Ocidente celebram desde a Antiguidade." Sua data consta do atual Missal Romano como memória facultativa.

Etimologia

Jorge vem do grego Geórgios, o mesmo que *georgos*, termo que designava aquele que trabalha na lavoura. Em espanhol, Jorge, como em português. Em italiano, Giorgio. Em francês, Georges. Em inglês, George. Em alemão, Georg, Jorg e Jurgens. Em romeno, Gheorghe. Em dinamarquês, Yorick. Em russo, Igor e Yuri.

Especialidade

Invocado contra as doenças da pele, o herpes e a lepra. Invocado também contra a artrite, o reumatismo, as doenças da cabeça, a febre, as infecções, as inflamações, o bócio, a gota, a sífilis e as doenças venéreas. Invocado contra a peste e as epidemias. Invocado nas mordidas de cobras e nas doenças do gado e dos animais domésticos. Protege contra a ameaça de guerra, as balas perdidas e os assaltos a mão armada. Protege também contra os feiticeiros e as feitiçarias. Invocado na seca, para fazer chover, nas perturbações climáticas e contra as erupções vulcânicas. Invocado ainda nas tentações do demônio e nas dúvidas da fé.

Patrocínio

Patrono dos soldados, com São Sebastião e São Maurício. Patrono dos cavaleiros, da cavalaria e dos cavalos, dos jóqueis e dos seleiros. Patrono dos homens casados. Patrono dos escoteiros, esgrimistas, agricultores e carniceiros. Padroeiro da Inglaterra, Portugal, Alemanha, Rússia, Grécia, Geórgia, Canadá, Lituânia, Malta, Palestina, Sérvia, Suécia e Turquia. Padroeiro de Aragão e da Catalunha, na Espanha, e da Saxônia, na Alemanha. Um dos padroeiros de Beirute, no Líbano, de Novgorod, na Rússia, de Veneza e de Ferrara, na Itália, e de Barcelona, na Espanha.

Relíquias

O convento de São Jorge, no bairro copta do Cairo, no Egito, conserva um cofre de cedro com seus objetos pessoais. O crânio, num busto de prata, está exposto no altar-mor da igreja de San-Giorgio-in-Velabro, em Roma. Há relíquias também na catedral de Ferrara, na Itália. A catedral de Barcelona, na Espanha, tem um osso do seu braço. A capela de Santo Eduardo, o Confessor, no palácio de Windsor, em Londres, guarda o coração, trazido da Palestina pelos cruzados ingleses.

Imagens

Representado como um cavaleiro, com sua armadura, escudo e lança, tendo aos pés o dragão.

Superstições

Para os agricultores europeus, se a relva cresce no pasto, antes da festa de São Jorge, a colheita será mais cedo. Na Europa, o 23 de abril é um dia propício para desenterrar tesouros.

Orixás

Identificado com Ogum nos terreiros de umbanda do Rio, Recife e Porto Alegre. Nos candomblés da Bahia, com Oxóssi.

Topônimos

Há cinco municípios brasileiros com seu nome: São Jorge do Ivaí, São Jorge d'Oeste e São Jorge do Patrocínio, no Paraná; São Jorge de Ilhéus, na Bahia; e São Jorge do Oiapoque, no Amapá. Na Itália são 118 cidades, e, na França, mais de 80. A Lua tem uma cratera de São Jorge. A Geórgia, no Cáucaso, antiga república soviética, agora independente, deve seu nome a ele. Um dos cinqüenta estados americanos também se chama Geórgia.

Outros santos

Há pelo menos 18 santos com o nome Jorge, todos eles dos primeiros séculos do cristianismo: um eremita do Peloponeso, na Grécia; um monge da Geórgia, antiga república soviética; um mártir de Alexandria, no Egito; um bispo da Paflagônia, na Ásia Menor; um bispo de Antioquia, na Síria; um mártir da Bulgária; um anacoreta de Choziba, na Palestina; um mártir de Gaza, também na Palestina; um patriarca de Jerusalém; um monge da Bitínia, na Ásia Menor; um bispo de Mitileno, na Grécia; um bispo de Regio Emilia, na Itália; um bispo da Sardenha, na Itália; um monge da Calábria, na Itália; um monge de Velay, na França; um bispo de Vienne, na França; um patriarca de Constantinopla; e um mártir de Córdoba, na Espanha.

Orações a São Jorge

Deus eterno e todo poderoso, que destes a São Jorge a graça de lutar pela justiça até a morte, concedei-nos, por sua intercessão, suportar as adversidades e correr ao encontro de vós que sois a nossa vida. Por Nosso Senhor Jesus Cristo, vosso Filho na unidade do Espírito Santo. Amém.

~

São Jorge, bravo guerreiro e mártir de Jesus Cristo, vencedor do dragão do pecado, rogai por nós.

Oremos: ó Jesus, que destes a São Jorge coragem e força para derrotar o demônio, protegei-nos, por sua intercessão, livrando-nos dos ataques de Satanás e de todos os inimigos visíveis e invisíveis. São Jorge, ajudai-nos nas tentações e nas dúvidas para que permaneçamos inabaláveis na fé até o fim. Amém.

~

Ó São Jorge, meu santo guerreiro, que trazeis em vosso rosto a esperança e a confiança, abri meus caminhos. Andarei armado e vestido com vossas armas para que meus inimigos, tendo pés, não me alcancem, tendo olhos, não me enxerguem, e nem pensamentos possam ter para me fazer mal. Armas de fogo o meu corpo não alcançarão, facas e lanças se quebrarão sem ao meu corpo chegar, cordas e correntes se arrebentarão sem o meu corpo amarrar. Glorioso São Jorge, em nome de Deus, estendei o vosso escudo e vossas poderosas armas, defendendo-me com vossa força e grandeza. Ajudai-nos a superar todo desânimo e a alcançar a graça que vos peço. Dai-me coragem e esperança, fortalecei a minha fé e auxiliai-me nesta necessidade. Amém.

~

Ó Deus, que nos alegrais com os méritos e a intercessão de vosso mártir São Jorge, concedei-nos benignamente que, implorando vossos benefícios por sua intercessão, os obtenhamos pelo efeito de vossa graça. Por Jesus Cristo, Nosso Senhor, amém.

20 de julho
SANTA MARGARIDA
contra as doenças dos rins

Quando Santa Margarida era torturada em Antioquia da Pisídia, o diabo apareceu, uma noite, em sua cela, sob a forma de um dragão, que a devorou, mas o crucifixo que empunhava irritou o estômago do monstro, cujo ventre se abriu para expulsá-la. A santa escapou do dragão, como se nascesse de novo, de maneira semelhante ao profeta Jonas, que foi engolido por uma baleia no Antigo Testamento.

O demônio não se deu por vencido. Tornou a aparecer, agora como um belo rapaz, que pegou na sua mão e tentou convencê-la a casar-se: "Margarida, pare de se atormentar, você já sofreu bastante na prisão." Indignada, ela agarrou sua cabeça, derrubou-o no chão e pisou em cima dele, dizendo: "Demônio orgulhoso, ajoelha-te diante de mim."

Santa Margarida, virgem e mártir, venerada na Igreja Oriental como Santa Marina, foi decapitada durante a perseguição de Diocleciano, em 275 ou 305. A ata do seu martírio, de autenticidade duvidosa, diz que ela viveu e morreu na cidade de Antioquia, na Pisídia, cujas ruínas podem ser visitadas perto de Yalvaç, na Turquia atual.[1]

---

[1] Antioquia, na Pisídia, não deve ser confundida com a cidade do mesmo nome, que era capital da antiga Síria e ficava onde hoje é Antakya, na Turquia.

A santa, que se chamava Marina, segundo esse relato, assinado por um grego chamado Teótimo, ganhou o nome de Margarida, por motivos ignorados, na tradução para o latim. A palavra em grego significa pérola.

Embora ela fosse uma das santas mais populares da Idade Média, invocada por Joana d'Arc, não há provas de sua existência histórica. Só a lenda segundo a qual ela seria filha de um sacerdote pagão, que confiou sua educação a uma virtuosa viúva.

Batizada aos 15 anos por iniciativa dessa mulher, Santa Margarida recusou-se a casar com o governador da Pisídia, que se apaixonou por ela ao vê-la no campo, pastoreando ovelhas. Presa por ser cristã, sofreu como os outros mártires uma série de torturas, que culminaram com a decapitação.

O episódio principal de seu martírio é a luta contra um demônio, denominado Leviatã, que apareceu na sua cela como um dragão ameaçador. Segundo os gregos, Margarida seria a princesa libertada de outro dragão por São Jorge, com quem partilha, na Igreja Oriental, o título de megalomártir ou grande mártir.

O fato de o dragão tê-la devorado e depois vomitado foi posto em dúvida pelo próprio Tiago de Voragine, na *Legenda Áurea*, mas o modo como escapou desse monstro fez dela a santa protetora das parturientes.

As *Vidas* de Santa Margarida, escritas em grego e latim, contribuíram para que fosse o protótipo da noiva de Cristo, no grupo de santas que dedicaram sua virgindade a Deus, preferindo o martírio ao casamento pagão. Além de pertencer ao grupo dos Quatorze Santos Protetores, é uma das Cinco Bem-Aventuradas Privilegiadas, com Santa Bárbara, Santa Catarina, Santa Marta e Santa Cristina.

Lendas

Santa Margarida de Antioquia era filha de um sacerdote de Júpiter, chamado Edésio, que ao enviuvar confiou a menina, com poucos meses de nascida, aos cuidados de uma viúva. Educada nas verdades cristãs, Margarida quis ser batizada.

Pouco depois, Edésio pediu a adolescente de volta. Ao reencontrá-la, ficou encantado com suas virtudes, mas estranhou que não comparecesse ao templo para assistir aos sacrifícios pagãos que ele oficiava como sacerdote.

Interrogada pelo pai, ela acabou confessando que freqüentava as reuniões noturnas dos cristãos, em companhia de sua preceptora. Foi uma decepção. Edésio lhe pediu, por amor aos deuses, que abandonasse o quanto antes "essa crença abominável". Ela se recusou. Gostaria, ao contrário, que o pai também tivesse a felicidade de conhecer e adorar o único e verdadeiro Deus. O sacerdote de Júpiter acabou por expulsá-la de casa. Margarida voltou a morar, nos arredores da cidade, com a mãe de criação. Quando pastoreava um rebanho de ovelhas, foi vista na estrada de Antioquia por Olíbrio, o governador que tinha acabado de assumir o cargo. Dias depois, um emissário dele lhe levou uma proposta de casamento. Olíbrio a queria como concubina, no caso de ser escrava. Margarida mandou dizer que não era escrava, mas tinha um compromisso de amor com Jesus Cristo.

Levada para a prisão, ela ouviu do governador a advertência: "Margarida, pense bem. Como os deuses lhe deram grande beleza, você faz mal em ser ingrata." Olíbrio ameaçou-a: "Está nas suas mãos escolher entre um casamento rico ou a morte vergonhosa." A moça não se abalou: "Casada que estou com Jesus Cristo, não posso renunciar ao céu."

O governador insistiu. Não entendia como uma jovem tão bela e de família nobre adorava um infeliz crucificado. Ela perguntou como sabia que Cristo morreu na cruz. O governador disse ter lido isso nos livros dos cristãos. A santa retrucou: "Então deve saber que Cristo morreu por amor dos homens, ressuscitou três dias depois e vive na glória eterna."

Margarida foi espancada diante de uma multidão. Rasgaram suas carnes com pentes de ferro. Os ossos ficaram à mostra. As pessoas gritavam na praça: "Renuncie ao cristianismo, tenha pena de sua beleza." Apesar das dores, ela respondia: "Maus conselheiros, afastem-se de mim." Ao mesmo tempo desafiava o governador, dizendo que ele só tinha poderes sobre a carne, pois sua alma era livre e pertencia a Deus. Olíbrio sentiu-se mal ao ver o sangue derramado. Mandou interromper o suplício. Deu ordens para que a santa fosse desamarrada e voltasse à prisão.

O diabo apareceu na sua cela sob a forma de um dragão, mas a santa conseguiu exorcizá-lo com o crucifixo que tinha na mão e subjugou o monstro com o cinturão. O demônio gritava: "Estou envergonhado. Fui vencido por uma mulher, cujo pai é meu sacerdote."

Antes de retirar-se, o diabo revelou que, séculos atrás, Salomão o tinha trancado num navio de bronze, junto com outros demônios, mas a embarcação apareceu um dia na Babilônia, cujos habitantes abriram sua porta, pensando que contivesse um tesouro. Foi assim que os demônios se libertaram para atormentar a humanidade.

Olíbrio ficou surpreso ao visitá-la na prisão. A santa estava linda, sem qualquer sinal dos suplícios pelos quais tinha passado: "Não se pode negar que você foi privilegiada pelos deuses. Eles não querem que morra a filha de um sacerdote de Júpiter." A prisioneira desmentiu: "Fui salva por Jesus Cristo. Só ele dá a saúde ao corpo e à alma. Só ele nos consola e conforta."

Recomeçaram as torturas. Como Margarida se recusava a adorar os ídolos pagãos, foi levada para uma grelha, em cima do fogo. Deram-lhe um banho frio, para aumentar o sofrimento, mas houve um tremor de terra e ela apareceu, deslumbrante, perante a multidão. Impressionados com o milagre, cinco mil pagãos se declararam convertidos.

O governador mandou, então, decapitá-la. A santa ajoelhou-se e pediu a Deus por todas as mães que, na hora do parto, invocassem seu nome. Feita essa prece, levantou-se e ofereceu o pescoço ao carrasco, que de um só golpe lhe cortou a cabeça. Foi assim que Santa Margarida de

Antioquia recebeu a coroa do martírio, no dia 20 de julho, segundo a lenda.

Devoção

Santa Margarida é venerada pelos cristãos orientais, desde a Antiguidade, como grande mártir, mas sua lenda foi declarada apócrifa pelo papa Gelásio, em 494. Mencionada no martirológio do beneditino alemão Rabanus Maurus, que visitou Jerusalém em 807, tornou-se popular na Europa durante o século IX. A Inglaterra lhe dedicou, na Idade Média, mais de duzentas igrejas.

Em 908, suas relíquias foram levadas de Antioquia para uma igreja de San Pietro della Valle, junto ao lago de Bolsena, na Itália. No século seguinte, em 1145, alguém as transladou para Montefiascone, também na Itália. Em 1213, algumas dessas relíquias chegaram a Veneza.

Com a tomada de Antioquia na Primeira Cruzada, em 1098, seu culto se propagou em todo o Ocidente. Novas relíquias se espalharam na Europa. Várias igrejas da França disputam o privilégio de possuir o autêntico cinturão que, segundo a lenda, ela teria utilizado para estrangular o dragão. No dia de Santa Margarida, as francesas grávidas costumam tocar no seu cinto de couro para pedir-lhe um bom parto. Só na cidade de Paris há dois desses cintos: um em Saint-Germain-des-Prés e o outro numa igreja do Faubourg Saint-Honoré. Existem cintos também em Amiens e em Dol, na Bretanha.

Santa Joana d'Arc atribuía a Santa Margarida uma das vozes que, segundo ela, lhe davam conselhos, desde os 13 anos, para libertar a França do domínio inglês e que continuou a ouvir, durante seu julgamento, até ser queimada na fogueira. Apesar dos milagres, é quase certo que não existiu.

Data

Em seu dia, 20 de julho, está escrito no Martirológio Romano: "Comemoração de Santa Margarida de Antioquia, na Pisídia, que consagrou seu corpo a Cristo na virgindade e no martírio, segundo a tradição." Antes da reforma litúrgica, a festa já não figurava nos missais da Igreja universal. É celebrada na Igreja Oriental, como Santa Marina, no dia 13 de julho.

Etimologia

Margarida vem do grego *margarítes,* pérola. Em latim e espanhol, Margarita. Em italiano, Margherita. Em francês, Marguerite, com os diminutivos Margot, Margaux e Magali. Em inglês, Margaret, com os diminutivos Meg, Mag e Maggie. Em alemão, Margarete, com os diminutivos Gretchen e Greta.

Especialidade

Invocada contra as doenças dos rins e as dores nas costas. Invocada pelas parturientes para terem parto feliz. Invocada contra a infertilidade e pelas mães com pouco leite na amamentação. Invocada também para a cicatrização das feridas e nas doenças da face. Protege contra a possessão demoníaca e nos casos de dúvida religiosa ou de tentação.

Patrocínio

Patrona das mulheres grávidas e parturientes. Patrona das virgens e mães. Patrona das parteiras e das enfermeiras. Também dos professores e soldados. Patrona dos mártires, exilados, agricultores e camponeses. Protege as vítimas de falsa acusação.

Relíquias

Relíquias de Santa Margarida, trazidas de Antioquia em 908, estão na catedral de Montefiascone, na Itália. Há relíquias também em igrejas da Bélgica (Bruxelas e Bruges) e da França (Paris, Froidmont e Troyes). A catedral de Troyes conserva um dos seus pés.

Imagens

Representada como uma pastora tendo nas mãos uma pequena cruz e a palma do martírio. A seus pés, o dragão acorrentado.

Superstições

Em Salzburgo, na Áustria, as filhas ilegítimas recebem o nome de Margarida, como segundo nome de batismo, para ser felizes. Na Estônia, as crianças nascidas no dia de Santa Margarida não devem pastorear ovelhas, porque os lobos atacarão o rebanho. Durante a semana de Santa Margarida, não se matam cobras porque elas são protegidas pela santa. Nesse dia as portas devem ficar fechadas porque ela solta as moscas.

Topônimos

Dois municípios brasileiros têm seu nome: Santa Margarida, em Minas Gerais, e Santa Margarida do Sul, no Rio Grande do Sul. Chama-se Santa Margarida uma ilha da Venezuela, habitada por pescadores de pérolas, que Cristóvão Colombo descobriu em 1495.

Outras santas

Há outras dez santas com esse nome no Martirológio: Santa Margarida de Ravena, italiana, em 23 de janeiro; Santa Margarida da Hungria, em 26 de janeiro; Santa Margarida de Cortona, italiana, em 22 de fevereiro; Santa Margarida da Inglaterra, em 3 de fevereiro; Santa Margarida da Escócia, em 10 de junho; Santa Margarida de São Severino, italiana, em 5 de agosto; Santa Margarida de Cantuária, inglesa, em 5 de agosto; Santa Margarida, a Descalça, italiana, em 27 de agosto; Santa Margarida de Lovaina, belga, em 2 de setembro; e Santa Margarida Maria Alacoque, francesa, em 17 de outubro.

Orações a Santa Margarida

Santa Margarida de Antioquia, virgem bela, que preservastes vossa beleza para Deus apenas, rogai por nós.

Oremos: Santa Margarida, fomos dotados no batismo com a graça santificante. Rogai por nós para que, por vossa intercessão, possamos preservar esta beleza imaculada até sermos submetidos ao julgamento de Deus todo poderoso. Por Jesus Cristo Nosso Senhor, na unidade do Espírito Santo, amém.

~

Santa Margarida, sagrada virgem e mártir, vós que conservastes inviolada a jóia preciosa da pureza para vosso esposo celestial, Jesus Cristo, ajudai-me a evitar, eu vos suplico, as tentações contra o mais belo e precioso dom de Deus, mediante continuada e diligente oração, fugindo às ocasiões de pecado, graças a um ardente amor a Jesus Cristo, para sempre bem-aventurado. Amém.

~

Senhor, nós vos pedimos que a bem-aventurada Santa Margarida, virgem e mártir, implore por nós vossa misericórdia, ela que sempre vos foi agradável pelos méritos de sua castidade e pela profissão de fé demonstrada no martírio. Por Cristo Nosso Senhor, amém.

~

Santa Margarida, casta esposa de Cristo, virgem sábia e prudente, a quem, nas dores do parto, as mães recorrem com grande confiança, ouvi nossa voz, escutai nossa prece... e alcançai, para nós, o refrigério nos sofrimentos e a graça de triunfar, como triunfastes contra Satanás, para que cheguemos à eterna felicidade. Assim seja.

~

Ó Deus, concedei-nos pelos méritos de vossa virgem e mártir Santa Margarida, indômita para confessar a fé e vencer as tentações do demônio, que eu escape ao castigo da eterna danação. Amém.

27 de julho
SÃO PANTALEÃO
contra as doenças do pulmão

Quatro igrejas da Europa — uma na Turquia, duas na Itália e uma na Espanha — conservam até hoje cápsulas com o sangue de São Pantaleão, que os cristãos de Nicomédia, na Ásia Menor, recolheram, segundo a lenda, quando ele foi decapitado no ano 305 da era cristã.

Nessas igrejas, todo ano, no dia de sua festa, 27 de julho, o sangue se liquefaz, por 24 horas, sem qualquer intervenção humana, num fenômeno conhecido como o milagre de São Pantaleão, semelhante ao milagre de São Januário, em Nápoles, na Itália.

É o que acontece, por exemplo, na capela do Real Mosteiro da Encarnação, em Madri, na Espanha, onde o sangue desse mártir do século IV pode ser visto, uma vez por ano, líquido e vermelho, pela multidão de devotos, concentrada em frente à vitrina que protege o recipiente de vidro.

São Pantaleão, que sofreu o martírio no dia 27 de julho de 305, foi médico em Nicomédia, na Ásia Menor, hoje Izmit, no litoral norte da Turquia.

Antes de integrar o grupo dos Quatorze Santos Protetores, era venerado no Oriente cristão como grande taumaturgo, na categoria dos santos anargiras ou santos que tratavam os doentes sem cobrar pagamento.

Sua *Paixão*, escrita em grego no século V, é uma narrativa fantasiosa, em que o martírio segue o padrão dos santos invencíveis — aqueles mártires que sobrevivem a numerosas tentativas de execução.

O fato de o nome dele significar compassivo suscitou dúvidas quanto à sua existência, como São Cristóvão, portador de Cristo, mas São Pantaleão já era cultuado na época de Constantino.

Teria nascido em Nicomédia, cidade que o imperador Diocleciano escolheu para residência. Sua mãe, Êubula, venerada como santa no dia 30 de março, educou o menino no cristianismo, mas morreu cedo e não chegou a batizá-lo. Eustórgio, seu pai, era pagão. O filho, sujeito às tentações da corte romana, voltou a praticar o paganismo.

Quando jovem, estudou a medicina grega com Eufrosino, médico de Diocleciano. Graças à competência profissional, foi escolhido para médico pessoal de Maximiano Galério, imperador romano do Oriente.

Embora pagão, era caridoso e ajudava os pobres. Seu retorno à religião da mãe deveu-se às conversas com um sacerdote cristão que fazia apostolado junto aos pobres. Esse amigo lhe falou muito sobre Jesus Cristo e as curas realizadas em seu nome: "De que servem seus conhecimentos científicos, Pantaleão, se você ignora a ciência da salvação? A verdadeira medicina é a da alma, que só é possível aprender mediante a fé."

Ao se converter, recebeu o dom da cura e passou a tratar os doentes com orações. Denunciado como feiticeiro pelos outros médicos da corte, devido ao ciúme e à inveja, morreu decapitado. Em volta do seu corpo, onde respingou sangue, brotaram no chão rosas, lírios e violetas.

Lendas

Havia em Nicomédia, no final do século III, um jovem médico, chamado Pantaleão, que não acreditava em Deus, mas era amigo de um sacerdote cristão, Hermolau, a quem revelou que tinha um sonho impossível: poder curar todas as enfermidades humanas.

O sacerdote achou que se tratava duma nobre ambição, mas quis convencê-lo de que a verdadeira medicina é a da alma, não a do corpo: "Os grandes médicos cuidam apenas da saúde corporal. Curam algumas doenças do corpo, quando conseguem curar. Era o que faziam, por exemplo, Esculápio, Hipócrates e Galeno. Houve, no entanto, alguém chamado Cristo que, sem ser médico, curava tanto o corpo como a alma. Seus discípulos são capazes de restituir a vista aos cegos, a audição aos surdos, a fala aos mudos, o movimento aos paralíticos e a vida aos mortos."

Alguns dias depois, quando caminhava no campo, Pantaleão viu à sua frente, no chão, um menino morto e, junto do cadáver, a víbora que o tinha picado. Sua primeira reação foi achar que a morte daquele inocente era uma injustiça da natureza. Sabendo que a medicina não é capaz de ressuscitar ninguém, Pantaleão lembrou-se de Cristo: "Se é verdade o que Hermolau me contou, isso há de ser demonstrado agora."

Embora não soubesse rezar, o jovem médico levantou os olhos para o céu e disse: "Ó Deus dos cristãos, se és de fato responsável pela nossa saúde, restitui a vida à pobre criança. Peço também que esta víbora nunca mais ataque ninguém." O menino levantou-se e saiu correndo para longe da víbora morta, como se tivesse acordado de um sono profundo.

Comovido, Pantaleão procurou Hermolau para pedir o batismo. Depois de batizado, tentou converter Eustórgio, seu pai, que também era médico. Quando os dois conversavam, uma noite, a respeito da religião cristã, apresentou-se a eles um cego procurando tratamento. O pai de

Pantaleão cortou as esperanças do homem, dizendo que não havia possibilidade de cura para a cegueira. Tratava-se de um caso perdido.

Assim mesmo, Pantaleão pediu ao doente que invocasse, com fé, o nome de Jesus Cristo. O santo passou, de leve, os dedos nos olhos do cego, que gritou: "Estou vendo, estou vendo!" Diante do milagre, ambos se converteram, emocionados: o cego e o pai de Pantaleão.

Ao começar a grande perseguição em Nicomédia, Eustórgio já havia morrido. O filho vendeu a herança do pai e distribuiu o dinheiro aos pobres. Dedicava-se a confortar os prisioneiros na cadeia. Os outros médicos, sabendo de sua caridade, apressaram-se a denunciá-lo como cristão.

Pantaleão foi preso. Maximiano Galério, que o admirava por sua competência, tentou salvá-lo, pedindo que renunciasse à fé cristã, para não ser condenado à morte. Pantaleão recusou-se a adorar os ídolos romanos e propôs ao imperador que lhe desse oportunidade de provar a divindade de Cristo: "Mande trazer um doente grave, chame alguns dos meus colegas para examiná-lo e chame também os sacerdotes pagãos. Que eles invoquem Júpiter, Apolo ou Netuno. Eu invocarei apenas Jesus Cristo. Vamos ver quem de nós cura o doente."

Para surpresa de Pantaleão, Galério aceitou a proposta. Trouxeram um paralítico que os médicos desenganaram. Os sacerdotes pagãos fizeram seus sacrifícios costumeiros, sem resultado. O santo invocou o nome de Cristo e impôs as mãos. O paralítico levantou-se, curado, e foi para casa. O milagre, porém, não sensibilizou Galério. Ao invés de libertar Pantaleão, como tinha prometido, manteve a exigência de que ele praticasse a idolatria.

Na prisão o próprio Cristo lhe apareceu na cela para confortá-lo. Antes de morrer, o santo foi submetido a seis tentativas de execução: por fogo, afogamento, animais ferozes, chumbo derretido, suplício da roda e espada.

Levado para uma fogueira, o fogo apagou-se. Lançado ao mar, com uma pedra no pescoço, a pedra flutuou nas ondas. Exposto a animais famintos, as feras lamberam seus pés na arena. Mergulhado num caldeirão de chumbo derretido, o metal esfriou. Amarrado a uma roda com lâminas pontiagudas, ela se despedaçou. Quando o carrasco tentou pela primeira vez decepar sua cabeça, não conseguiu e se converteu. Foi preciso o mártir insistir para ser finalmente decapitado.

São Pantaleão ajoelhou-se e pediu a Deus perdão dos pecados. Rogou que seus algozes fossem perdoados. Ouviu-se uma voz no céu, dizendo que todos os que o invocassem mereceriam a misericórdia divina. A mesma voz anunciou: "A partir de hoje seu nome não será mais Pantaleão, passa a ser Pantaleimão, aquele que tem piedade de todos."

O santo foi decapitado, junto com os irmãos Hermolau, Hermipo e Hermócrates. O tronco seco da oliveira em que o amarraram para a execução floresceu de repente e ficou cheio de azeitonas. Centenas de pagãos se converteram ao presenciar o milagre.

Devoção

O culto de São Pantaleão começou na província romana da Bitínia, onde ele viveu. O imperador Constantino promoveu a reconstrução de sua igreja em Nicomédia, cujas relíquias foram transportadas, mais tarde, para Constantinopla, por motivo de segurança, e depositadas noutra igreja com seu nome.

O sangue de São Pantaleão, que os cristãos de Nicomédia recolheram no martírio, é conservado, até hoje, nessa igreja ortodoxa da Turquia, segundo a tradição grega. Ampolas do mesmo sangue foram levadas, por volta de 1112, para a catedral de Ravelo, pequena cidade da Itália, no litoral amalfitano, perto de Nápoles e Salerno.

Em 1616, com autorização do papa Paulo V, uma ampola de cristal com sangue e um relicário com um osso de São Pantaleão foram dados por Maria de Zuñiga, condessa de Miranda, mulher do vice-rei de Nápoles, ao Real Mosteiro da Encarnação, em Madri, onde uma filha do casal era freira agostiniana com o nome de Aldonza del Espírito Santo.

Uma quarta ampola está na igreja de São Severino, em Roma. Em todas essas igrejas acontece, a cada ano, no dia 27 de julho, data do martírio, o milagre de São Pantaleão, que consiste na súbita liquefação de seu sangue.

As freiras agostinianas de Madri, testemunhas da liquefação, dizem que se trata de um presente de Deus. Para facilitar a visão do milagre, mandaram instalar, em 1995, monitores de televisão que aumentam dez vezes a imagem da cápsula com o sangue de São Pantaleão.

O milagre jamais deixou de acontecer em Madri. Quando o sangue se liquefaz em data diferente, o fato é interpretado como prenúncio de alguma desgraça. Por exemplo, antes de ser assassinado o deputado católico Calvo Sotelo, às vésperas da Guerra Civil Espanhola. Nessa ocasião, por três anos seguidos, o sangue permaneceu líquido como se estivesse vivo. O mesmo aconteceu de 1939 a 1945, durante a Segunda Guerra Mundial.

Data

O dia de São Pantaleão, 27 de julho, está inscrito no Martirológio Romano: "Comemoração de São Pantaleão ou Pantaleimão, mártir de Nicomédia, na Bitínia, que exerceu no Oriente a profissão de médico sem nada cobrar." Desde 1969, a data não figura no Calendário Romano Geral. É comemorado, nas igrejas orientais, no dia 13 de julho.

Etimologia

Pantaleão vem do grego Pantaléon, leão em tudo, inteiramente leão; muito forte, tanto no físico como no moral; ou de Panteleemon, que se compadece de todos. Em inglês e alemão, Pantaleon. Em espanhol, Pantaleón. Em francês, Pantaléon. Em italiano, Pantaleone.

Especialidade

Invocado contra a tuberculose, as doenças pulmonares e o definhamento. Protege contra dores de cabeça, inapetência e o estrabismo. Invocado contra acidentes, solidão e isolamento, bruxaria e gafanhotos. Invocado também para fazer uma boa confissão.

Patrocínio

Patrono dos médicos, junto com São Lucas e os Santos Cosme e Damião. Patrono também dos doentes em geral, amas de leite, babás e homens solteiros. Protetor dos abandonados, solitários, vítimas de tortura, crianças que choram muito e animais domésticos.

Relíquias

Ampolas com o sangue de São Pantaleão são conservadas na igreja ortodoxa de São Pantaleão, em Istambul, na Turquia; na catedral de Ravelo, perto de Amalfi, na Itália; na capela do Real Mosteiro da Encarnação, em Madri; e na igreja de São Severino, em Roma. A catedral de Lyon, na França, guarda sua cabeça. Há relíquias também na catedral de Saint-Denis, subúrbio de Paris.

Imagens

Representado com um frasco de remédio, a palma e a espada do martírio, junto a uma oliveira.

Superstições

Na Itália, os devotos recorrem a ele para sonhar com os números que vão ser sorteados na loteria. Uma atadura com o nome de São Pantaleão é usada pelos italianos para afastar o mau olhado e as bruxarias.

Santos homônimos

Houve outro mártir com o nome Pantaleão que morreu, em Bisceglie, na Itália, com São Mauro e São Sérgio.

Orações a São Pantaleão

Ó Deus misericordioso, que prometestes assistência a todos que invocassem o mártir São Pantaleão, dignai-vos conceder-nos por sua intercessão a saúde da alma e do corpo; fazei também com que, livres de toda impureza e firmes em vosso amor, marchemos com ardor na senda de vossos mandamentos. Assim seja.

~

São Pantaleão, médico e taumaturgo, que curastes as doenças do corpo e da alma, rogai por nós.

Oremos: São Pantaleão, alcançai para nós, pecadores, a graça de progredir firmemente na virtude, para que possamos suportar nossas enfermidades com paciência, em desagravo de nossos pecados, e gozar sempre da vossa proteção. Por Jesus Cristo Nosso Senhor, amém.

Ó querido e sagrado mártir Pantaleão, que como médico sentistes, na vida terrestre, piedade e misericórdia pelos doentes e, cumprindo vossa vocação, vos baseastes mais no poder curativo de Jesus Cristo do que na ciência e nos remédios, espero do vosso amor por Jesus que me ajudeis a confiar em Deus, a fim de que as doenças, sofrimentos e aflições se tornem meritórias para mim e eu veja, em todas as coisas, a maior glória de Deus, de modo que minha natureza pecadora seja purificada e santificada. Por Cristo, Nosso Senhor, amém.

Deus todo poderoso, concedei-nos, por intercessão do sagrado mártir São Pantaleão, que sejamos livres de toda aflição do corpo e da mente e preservados dos maus pensamentos. Por Nosso Senhor Jesus Cristo, na unidade do Espírito Santo, amém.

O DÉCIMO QUINTO SANTO PROTETOR

A consolidação dos Quatorze Santos Protetores, com esse número de componentes, ocorrida por etapas ao longo da Idade Média, só se completou no século XIV. Mesmo completo, nos séculos seguintes ainda aconteceram modificações dentro do grupo, cuja composição tem variado na Europa de região para região, em função das devoções locais.

Na França eles são 15, com a adoção de uma protetora extra: Nossa Senhora. Em algumas dioceses da Baviera, na Alemanha, foi incorporado como décimo quinto protetor São Magno de Füssen ou São Quirino. Na região italiana do Alto Adige, em vez de São Magno de Füssen, entra seu homônimo São Magno de Altino, bispo de Oderzo, que era italiano. Na Áustria, Santo Osvaldo, exceto no Tirol, onde acrescentam São Leonardo.

Noutras regiões, embora eles continuem sendo 14, um ou outro titular é às vezes substituído, localmente, por um santo alternativo, que costuma ser Santo Antão, Santa Dorotéia, São Leonardo, São Nicolau, Santo Osvaldo, São Roque ou São Sebastião. São Leonardo substitui, nesse caso, Santo Acácio; São Nicolau ocupa o lugar de São Ciríaco; Santa Dorotéia faz as vezes de Santa Catarina; e São Roque remove São Pantaleão.

Há também cidades ou províncias onde o grupo, nos dias atuais, costuma ser ampliado para 19 santos, juntando-se ao mesmo tempo Santo Antão, Santa Dorotéia, São Leonardo, São Roque e São Sebastião, ou mesmo para vinte ao todo, com a inclusão de Nossa Senhora.

O santo mais antigo da lista suplementar, Quirino, morreu no século II. Sebastião, Antão, Dorotéia e Nicolau, no século IV. Leonardo, no século VI. Osvaldo e Magno de Oderzo, no século VII. Magno de Füssen, no século VIII. Roque, o mais recente, no século XIV.

Dois deles, Dorotéia e Nicolau, viveram onde hoje é a Turquia asiática; dois em Roma, Quirino e Sebastião; dois na França, Leonardo e Roque; um no Egito, Antão; um na Inglaterra, Osvaldo; um na Itália, Magno de Oderzo; e um na Alemanha, Magno de Füssen.

Há neste grupo quatro mártires (Dorotéia, Osvaldo, Quirino e Sebastião), três abades (Antão, Leonardo e Magno de Füssen), dois bispos (Nicolau e Magno de Oderzo), dois militares (Quirino e Sebastião), um rei (Osvaldo), um peregrino (Roque) e uma virgem (Dorotéia).

Cada um dos santos alternativos ou acrescentados merece uma informação sobre sua vida e a devoção prestada a ele no conjunto.

Santo Antão

Santo Antão, o Eremita, passou a vida no deserto em oração. Quando tinha 105 anos de idade, pressentindo a morte, chamou dois discípulos à caverna onde vivia sozinho, perto do mar Vermelho, e deu instruções sobre como gostaria de ser enterrado. Pediu que o sepultassem na terra do deserto, de modo que ninguém, exceto esses dois, soubesse o lugar.

Santo Antão recomendou que seus bens fossem distribuídos da seguinte forma: "Ao bispo Atanásio devolvam uma túnica e o manto que me deu, mas se gastaram com o uso. Ao bispo Serapião dêem a outra túnica. Quanto à camisa, que me cobre agora, ela pode ficar com vocês dois." Ele nada possuía, além das duas túnicas, a camisa e o manto.

Santo Atanásio, bispo de Alexandria, seu contemporâneo, que escreveu a *Vida de Santo Antão*, conta no final do livro: "Os dois discípulos, seguindo as ordens recebidas, prepararam o corpo e o sepultaram na terra. E, até o dia de hoje, ninguém sabe onde ele está enterrado, exceto esses dois."

Santo Antão, também conhecido como Santo Antônio, o Grande, Santo Antônio do Deserto ou Santo Antônio do Egito, inspirou a vida monástica nos primeiros séculos do cristianismo, com sete cartas em latim que escreveu dando instruções aos noviços.

Nasceu por volta de 251, em Mênfis, no Alto Egito. Quando tinha 20 anos, seus pais morreram e ele herdou alguns bens. No domingo seguinte, ao assistir à missa em sua aldeia, ouviu o conselho de Cristo na leitura do Evangelho: "Se queres ser perfeito, vai, vende teus bens, dá tudo aos pobres e terás um tesouro nos céus. Depois vem e segue-me."

O santo cumpriu a recomendação ao pé da letra, como se fosse dirigida a ele. Vendeu a casa, os móveis e a roupa, distribuiu o dinheiro com os pobres e foi morar como eremita num túmulo abandonado no deserto. Como muita gente o procurava para pedir conselhos ou então milagres, mudou-se para mais longe, do outro lado do Nilo, no sopé de uma montanha. Passou a viver numa gruta do monte Kolzin, onde os amigos, de tempos em tempos, lhe levavam provisões. Foi lá que ele morreu, aos 105 anos, no dia 17 de janeiro de 356.

Só interrompeu por três vezes o isolamento. Em 311, ao saber que a perseguição de Maximínio Daia ensangüentava o Egito, deslocou-se para Alexandria a fim de confortar os mártires e partilhar o sofrimento da comunidade cristã. Em 354, repetiu a visita, para combater a heresia do arianismo, que negava a divindade de Cristo. Dessa vez, atraiu multidões às ruas de Alexandria. O povo gritava: "Queremos ver o homem de Deus." Sua terceira viagem foi para assistir à morte do amigo São Paulo de Tebas, outro eremita, que morava numa gruta distante. Ele próprio o enterrou no deserto, tornando-se o patrono dos coveiros.

Durante os oitenta anos de solidão, enfrentou as tentações de Satanás, que apareceu muitas vezes na sua caverna sob a forma de uma mulher nua.

O tema inspirou quadros famosos de muitos pintores, desde Hieronymus Bosch a Salvador Dalí. Inspirou também um romance de Flaubert, *Les Tentations de Saint Antoine.*

Irritados com sua resistência à tentação, os demônios o espancaram, deixando-o desacordado. Quando voltou a si, o santo se queixou a Deus: "Onde estás? Por que não ficaste aqui, desde o começo, para prestar-me ajuda?" Uma voz no céu respondeu: "Antão, eu estive aqui o tempo todo. Fiquei do teu lado e te ajudei no combate. Como resististe ao inimigo, eu te protegerei para sempre e teu nome será conhecido em toda a Terra."

Por volta de 561, duzentos anos depois de sua morte, alguém descobriu o túmulo nas areias do deserto. Os ossos foram levados do monte Kolzin para uma igreja de Alexandria, embora ele tivesse recomendado antes de morrer: "Se vocês realmente gostam de mim e me consideram como pai, não permitam jamais que alguém leve meu corpo para o Egito."

Em 653, com a chegada dos árabes a Alexandria, os monges do Egito mandaram suas relíquias para Constantinopla, por motivo de segurança. Até que, por volta de 1070, nas Cruzadas, um cavaleiro francês, chamado Jocelyn, transportou-as para La-Motte-Saint-Didier, perto da cidade de Vienne, na França. Com o tempo, o lugar passou a se chamar Saint-Antoine-de-Viennois.

O culto de Santo Antão apenas começava, quando surgiu uma doença desconhecida na região. A febre ganhou o nome de fogo mórbido, fogo infernal ou fogo de Santo Antão. Era o ergotismo, causado pelo esporão do centeio, que os enfermeiros medievais tratavam com banha de porco. Um porquinho, por esse motivo, é associado até hoje às imagens do santo.

Data

Santo Antão está inscrito no Martirológio Romano no dia 17 de janeiro. A festa figura no Missal Romano como memória obrigatória.

Etimologia

Antão, forma arcaica de Antônio, vem do latim Antonius, que procede do grego Anton, inestimável. Em espanhol, Antón. Em francês, Antoine. Em inglês, Anthony. Em italiano, Antonio.

Especialidade

Invocado contra eczemas, erisipela, coceiras, feridas, herpes, varizes, lepra e doenças da pele em geral. Invocado também contra as epidemias e doenças contagiosas.

Patrocínio

Patrono dos amputados, açougueiros, cesteiros, coveiros, criadores de porcos, eremitas, fabricantes de escovas e fabricantes de lingüiça. Patrono também dos porcos e dos animais domésticos.

Relíquias

Os restos mortais estão, desde o século XI, em Saint-Antoine-de-Viennois, perto de Vienne, na França.

Imagens

Representado com o hábito de monge, segurando uma bengala, à qual está preso um sino. A seus pés, um porquinho ou o demônio.

Superstições

Em algumas regiões da Alemanha, os quartos não são varridos no dia de Santo Antão, para evitar percevejos. No estuário do Ródano, na França, os agricultores mergulham três vezes no rio sua imagem, nesse dia, para assegurar uma boa colheita.

Topônimos

Pernambuco tem um município chamado Vitória de Santo Antão.

Outros santos

Há sete santos com o nome Antão ou Antônio, sendo o mais famoso deles Santo Antônio de Pádua, que nasceu em Lisboa.

Santa Dorotéia

Quando Santa Dorotéia era levada pelos soldados romanos ao local da execução, em 6 de fevereiro de 303, um serventuário da justiça, chamado Teófilo, que tinha assistido ao julgamento, zombou da felicidade que ela demonstrava depois da condenação: "Chegando ao jardim celestial, para onde vai, não se esqueça de mandar-me frutas e flores." A jovem mártir respondeu: "Está combinado. Ainda hoje, antes de dormir, você há de recebê-las."

Apesar do inverno rigoroso, nessa mesma tarde, um anjo apareceu na casa de Teófilo, para entregar-lhe, da parte de Santa Dorotéia, uma cesta com três rosas e três maçãs colhidas no Paraíso. Bastou provar uma das maçãs para o rapaz se converter. No dia seguinte ele também seria decapitado.

Santa Dorotéia era uma virgem de Cesaréia, na Capadócia, que se destacava entre os cristãos da cidade, no final do século III, pela caridade, pureza e sabedoria, seguindo o exemplo dos pais, Teodoro e Teodora, mortos na perseguição de Diocleciano. A Capadócia ficava onde hoje é a Turquia.

Seus problemas começaram quando rejeitou um pedido de casamento que lhe fez Saprício, o governador romano. Essa autoridade mandou prendê-la. Duas ex-cristãs, Crista e Calista, foram incumbidas de persuadir Dorotéia a adorar os deuses, mas a santa as convenceu do contrário e elas duas também sofreram o martírio.

Conta-se que, durante as torturas, lhe perguntaram por que demonstrava tanta felicidade. Ela disse: "Ao ser decapitada, vou para o céu, onde as rosas nunca murcham e as árvores frutíferas sempre dão frutos."

Sua lenda tornou-se popular, na Europa anglo-saxônica, graças a um erudito inglês do século VII, Santo Adelmo, que escreveu longo poema em louvor das santas virgens, no qual ocupa um capítulo especial.

Data

O dia de Santa Dorotéia, 6 de fevereiro, está inscrito no Martirológio Romano. A festa litúrgica não consta do Missal Romano.

Etimologia

Dorotéia, nome de origem grega, significa dom de Deus. Em inglês, Dorothy. Em francês, Dorothée. Em italiano e espanhol, Dorotea.

Especialidade

Invocada contra eczemas, erisipela e dores de cabeça.

Patrocínio

Patrona das noivas e recém-casadas, parturientes, parteiras, lavadeiras, mineiros, cervejeiros, jardineiros, floristas e hortifrutigranjeiros.

Relíquias

Os ossos, trazidos da Ásia Menor, estão em Roma, numa igreja do Trastevere. Há outras relíquias em Bolonha, na Itália, em Colônia, na Alemanha, em Arles, na França, e em Lisboa.

Imagens

Costuma ser representada com uma bengala ou clava e uma cesta de frutas e rosas.

Outras santas

Não deve ser confundida com Santa Dorotéia de Alexandria, a cristã egípcia por quem Maximínio Daia se apaixonou, segundo relata Santo Eusébio em sua *História da Igreja*.

São Leonardo

Tiago de Voragine conta, na *Legenda Áurea*, que um devoto de São Leonardo foi seqüestrado, em Auvergne, na França, quando voltava da peregrinação anual ao túmulo do santo. Preso no porão de uma torre abandonada, o homem pediu para ser solto "por amor de São Leonardo". Os seqüestradores disseram que só o libertariam se a família pagasse o resgate exigido. Diante do impasse, o refém encerrou a negociação, dizendo: "Resolvam o problema com São Leonardo, meu protetor."

Nessa mesma noite o chefe do bando sonhou que São Leonardo lhe aparecia para ordenar a libertação do seu devoto. Ao acordar, o bandido não deu importância ao sonho, que se repetiu na noite seguinte. Até que, na terceira noite, o santo veio buscar o refém, enquanto os ladrões dormiam. Quando o prisioneiro foi embora, levado por seu protetor, a torre desabou, matando todos os bandidos, menos o chefe deles, que, com as pernas esmagadas, se tornou um devoto do santo até o fim da vida.

São Leonardo de Noblat, eremita, nasceu por volta de 494 e morreu em 6 de novembro de 559, na Gália, antigo nome da França. Ele passou a juventude na corte do rei Clóvis, ao lado de quem teria assistido à batalha de Tolbiac contra os alemães. Quando a batalha parecia perdida, o santo invocou a ajuda divina, a sorte mudou, os franceses venceram e o rei se converteu, impressionado com o milagre.

Em vez de alistar-se no Exército, como faziam os nobres de sua geração, o jovem Leonardo pôs-se a serviço do bispo de Reims, São Remígio, que o batizou e educou. Admirando sua grande piedade, Clóvis lhe ofereceu um bispado, recusado por ele, que preferiu levar uma vida de monge, isolado na floresta de Orleans.

O rei foi, certa vez, caçar nessa floresta com os amigos. A rainha Clotilde, que o acompanhava, entrou em trabalhos de parto. Ela gemia, suas dores eram terríveis, mas a criança nasceu sem problema, graças às orações de São Leonardo. Clóvis deu ao santo, nessa ocasião, um pedaço de terra, onde ele fundou o mosteiro de Noblat, em torno do qual surgiu, mais tarde, a pequena cidade de Saint-Léonard-de-Noblat, a 22 quilômetros de Limoges.

Segundo a lenda, o rei prometeu libertar todo preso que São Leonardo visitasse no cárcere. Ele é, por esse motivo, o santo protetor dos prisioneiros de guerra — o que foi lembrado pelos soldados católicos nas duas guerras mundiais do século passado.

Conta-se que, na Primeira Cruzada, o príncipe Boemundo d'Altavilla, encarcerado pelos muçulmanos de 1100 a 1103, atribuiu a São Leonardo sua inesperada libertação. De volta à Europa fez uma peregrinação a Saint-Léonard-de-Noblat, onde ofereceu como *ex-voto* uma grossa corrente de prata, igual à outra em que esteve acorrentado por três anos.

Embora tenha sido um dos santos mais populares da Idade Média, não há referência a ele, na Europa, antes do século XI. Igrejas lhe foram dedicadas, a partir de então, na Bélgica, na Alemanha, na Polônia, na Suíça, na Itália e na Inglaterra. Continua popular na Baviera alemã e no Tirol italiano, onde sua devoção só é menor que a de Nossa Senhora.

Data

Seu dia, 6 de novembro, figura no Martirológio Romano. A festa litúrgica não está prevista no Calendário Romano Geral.

Etimologia

Leonardo vem do latim *leo* (leão) com a raiz germânica *hard* (duro). Em francês, Léonard, Liénard e Lenard, com o diminutivo Nardon. Em inglês e alemão, Leonard. Em italiano e espanhol, Leonardo.

Especialidade

Invocado contra roubos, assaltos e seqüestros, para a descoberta de tesouros enterrados, contra a obesidade (mal de São Leonardo), as dores de cabeça, as dores do parto, as entorses, a debilidade das crianças, a esterilidade e as doenças mentais. Favorece a colheita e o bom tempo.

Patrocínio

Patrono dos prisioneiros de guerra, dos seqüestrados, dos presos em geral e dos carcereiros. Patrono também dos caldeireiros, carregadores, chaveiros, ferreiros, jardineiros, loucos de todo gênero, mulheres estéreis, mineiros, obesos, parturientes, porteiros, serralheiros, hortifrutigranjeiros e vendedores de ovos, manteiga e queijo. Protetor do gado vacum e dos cavalos.

Relíquias

Seus ossos estão guardados na abadia de Saint-Léonard-de-Noblat, perto de Limoges, na França.

Imagens

Representado como um diácono que tem correntes numa das mãos e um cadeado na outra.

Superstições

Em Zillertal, na Alemanha, para proteger o gado contra doenças, é preciso que uma virgem, todo ano, lave os cabelos com água da pia batismal da igreja de São Leonardo.

Outros santos

Há sete santos com o nome Leonardo, entre os quais o frade franciscano Leonardo de Porto Maurício (1676-1751), comemorado em 26 de novembro.

São Magno de Füssen

Por volta do ano 750, a região de Kempten, na Baviera, onde os romanos tiveram, antes da era cristã, uma colônia com o nome de Campidonum, era assombrada por lagartos e serpentes. Ninguém tinha coragem de passar a noite nesse lugar, habitado pelo demônio sob a forma de um monstruoso dragão.

Quando chegou a Kempten para evangelizar a população, São Magno teve de enfrentar esse dragão com a única arma de que dispunha: a ponta de sua bengala. Bastou, porém, tocar a garganta do monstro com a bengala para o demônio explodir, desaparecendo numa nuvem de fumaça. Quatorze aldeias da região reivindicam o privilégio de ter sido o lugar onde foi morto o dragão.

São Magno de Füssen era um monge beneditino de origem irlandesa. Foi discípulo, na Suíça, de São Colombano e São Galo, dois outros irlandeses. De São Colombano, que morreu na Itália, herdou a famosa bengala.

Depois de expulsar o demônio, São Magno fundou a abadia de Füssen, a 33 quilômetros de Kempten, às margens do rio Lech, a oeste do lago Constança. Trabalhou nesse mosteiro 26 anos, e morreu no dia 6 de setembro de 772.

Conta-se que, ao caminhar na floresta, encontrou um urso que lhe mostrou um veio de minério na montanha. O santo deu um pedaço de bolo ao urso, que o conduziu a outras minas. Seguindo essa pista, ele tentou extrair ferro no monte Säuling para melhorar as condições de vida dos camponeses.

Numerosas igrejas lhe são dedicadas na região da Baviera, na Alemanha, na região do Tirol, na Itália, e nos cantões da Suíça. Seu culto em Colônia remonta ao século X. No século XV, foi associado pelos alemães aos Quatorze Santos Protetores.

Data

O dia de São Magno de Füssen, 6 de setembro, está inscrito no Martirológio Romano. Não figura mais no calendário litúrgico.

Etimologia

Magno vem do latim *magnus*, grande. Em alemão, Magnus e Mang. Em inglês, Magnus e Magnoaldus. Em francês, Magne. Em italiano e espanhol, Magno.

Especialidade

Invocado contra cobras, lagartas, vermes, ratos e insetos nocivos às plantações. Invocado também contra o granizo, os relâmpagos e as tempestades.

Patrocínio

Protetor das colheitas, um dos padroeiros de Cuba.

Relíquias

Os restos mortais estão, até hoje, na cripta da abadia de Füssen, na Alemanha.

Imagens

Representado com o hábito de monge, cabeça descoberta, um livro numa mão e sua famosa bengala na outra, tendo um dragão aos pés.

Outros santos

São Magno, abade de Füssen, não deve ser confundido com São Magno, bispo de Oderzo, que viveu um século antes.

São Magno de Oderzo

Ao ser nomeado para a diocese de Oderzo, perto de Veneza, na Itália, São Magno revelou-se um bispo muito atuante. Sua influência não se limitou à área diocesana, mas se estendeu a toda a laguna em torno da cidade.

Os historiadores venezianos lhe atribuem a construção de oito das principais igrejas de Veneza. Uma delas é a igreja de Santa Maria Formosa. Conta-se que Nossa Senhora apareceu a ele em sonho, como uma bela mulher, para dizer onde queria que fosse construída.

De família nobre, nasceu em Altino, na região do Vêneto, no final do século VI. Concluídos os primeiros estudos, retirou-se como eremita para uma ilha da laguna vizinha, onde se preparou para a vida sacerdotal.

Em 630, substituiu São Ticiano como bispo de Oderzo, no litoral adriático, que tinha sido uma colônia romana com o nome de Opitergium. No século XVII, a diocese ainda era subordinada à Igreja bizantina. Ao assumir o cargo, combateu a infiltração da heresia ariana.

Quando a cidade foi destruída por Grimoaldo, rei bárbaro, em 638, a população refugiou-se numa ilha próxima. São Magno transferiu, então, a sede episcopal para Eracléia, nas vizinhanças, depois de consultar o papa Severino, e construiu a catedral de São Pedro e São Paulo, onde foi sepultado, em 670.

Seis séculos mais tarde, em 1206, os habitantes de Eracléia abandonaram a cidade, porque a laguna tinha sido aterrada. O doge Pietro Zini trasladou, então, os restos mortais de São Magno para a igreja de São Jeremias em Veneza. Desde 1456, esse dia é feriado em Veneza.

Embora os ossos tenham sido transferidos, em 1956, para a igreja de Santa Maria Imaculada, na nova Eracléia, São Magno continua venerado em Veneza. É muito popular em todos os portos e países do mar Adriático.

Data

Inscrito no Martirológio Romano no dia 6 de outubro, aniversário do traslado das relíquias. A festa litúrgica não figura no Missal Romano atual.

Patrocínio

É um dos padroeiros secundários de Veneza.

Relíquias

Os ossos estão, desde 1956, na igreja de Santa Maria Imaculada, em Eracléia, na Itália. Um braço é conservado na basílica de São Marcos, em Veneza.

Imagens

Representado de barba branca em trajes episcopais.

Outros santos

Além de São Magno de Füssen, há seis santos homônimos: um mártir de Cesaréia, na Capadócia, um diácono mártir de Roma[1], um conde das

[1] A catedral de Petrópolis, no estado do Rio de Janeiro, conserva desde o início do século passado, em sua Capela Imperial, as relíquias de três mártires romanos, São Magno, Santa Aurélia e Santa Tecla, que foram trazidas de Roma pelo cardeal dom Sebastião Leme.

ilhas Orkney e Shetland, na Escócia, um bispo de Avinhão, na França, um bispo de Milão e outro de Terni, na Itália.

São Nicolau

Lê-se, na *Legenda Áurea*, que um rico judeu da Idade Média, ao saber dos poderes de São Nicolau contra roubos e furtos, comprou uma imagem dele, à qual confiou a guarda dos seus bens. Toda vez que viajava, despedia-se da imagem recomendando: "São Nicolau, aqui estão minhas riquezas. Se não protegê-las direito, me vingarei com muitas chicotadas."

Aconteceu que, um dia, estando o judeu fora da cidade, ladrões assaltaram sua casa e levaram todo o dinheiro e as jóias. Sobrou apenas a imagem de madeira que o homem, ao voltar, chicoteou, indignado, para punir São Nicolau pela negligência.

Quando os ladrões dividiam o produto do roubo, o santo apareceu a eles com marcas de chicotadas: "Vejam as chagas nas minhas costas. Fui castigado em lugar de vocês. Devolvam logo o que roubaram, do contrário Deus os castigará."

Diante da ameaça, os bandidos procuraram o judeu, contaram o milagre, restituíram tudo e, no final, todos se converteram, inclusive o judeu da história.

São Nicolau de Mira, que os italianos chamam São Nicolau de Bari, é até hoje um dos santos mais populares tanto no Oriente como no Ocidente. Nasceu por volta de 270, em Patara, na Lícia, uma província romana da Ásia Menor, e morreu no dia 6 de dezembro de um ano entre 345 e 352, em Mira, atual Dembre, na Turquia asiática, cidade defronte à ilha grega de Rodes.

Conta-se que, no dia do nascimento, ficou de pé na bacia para tomar o primeiro banho. Segundo a lenda, quando era bebê, recusava-se a mamar na sexta-feira, que era naquele tempo dia de jejum.

Seus pais lhe deixaram alguns bens. Ao saber que um vizinho havia perdido tudo nos negócios e que as três filhas desse homem, não tendo dote para casar, corriam o risco de prostituir-se, o santo jogou três bolsas com moedas de ouro pela janela da casa, sem que ninguém visse, a fim de que as moças tivessem condições de conseguir marido.

Quando jovem, fez uma peregrinação ao Egito e à Palestina. Na volta, desembarcou no porto de Mira. O clero da cidade estava reunido para eleger o novo bispo. Depois de muita discussão, os eleitores não chegavam a um consenso. Ouviu-se, então, no recinto, a voz de Deus dizendo que escolhessem a primeira pessoa a entrar na catedral. Essa pessoa foi Nicolau.

Quando os diocesanos enfrentaram uma terrível seca, ele levantou recursos para que ninguém na cidade morresse de fome. Enviado ao concílio de Nicéia, combateu a heresia ariana com Santo Atanásio. Foi preso, nos últimos anos da perseguição de Diocleciano, mas voltou do exílio quando o imperador Constantino se converteu ao cristianismo.

Sua biografia é entremeada de lendas, todas com três personagens, a começar pela história das três filhas do vizinho. Atribui-se a ele a ressurreição de três rapazes assassinados pelo dono de uma hospedaria. Conta-se também que evitou a execução de três inocentes condenados à morte.

Antes de morrer, viajou a Roma para visitar o papa. Seu navio, segundo a lenda, fez escala no porto italiano de Bari, no mar Adriático. Em 1087, setecentos anos depois de sua morte, quando a cidade de Mira caiu sob o domínio muçulmano, no reinado do califa Harum al-Raschid, marinheiros italianos retiraram da sepultura seus restos mortais e levaram para Bari, onde foram recebidos em triunfo. Nessa ocasião, o papa Urbano II mandou construir ali uma basílica em seu louvor.

Duas mil igrejas na França e na Alemanha, quatrocentas na Inglaterra e 359 na Grécia atestam sua popularidade. Em alguns países, como a Alemanha, a Holanda e a Suíça, substitui o Papai Noel, em dezembro, por ser o patrono das crianças. Em Nova York, cidade fundada por holandeses, ele ganhou o nome de Santa Claus. É uma contração de *Sint Nikolaas,* São Nicolau em holandês.

Data

São Nicolau está inscrito no Martirológio Romano no dia 6 de dezembro. A data figura no Missal Romano como memória facultativa. Na Itália, é comemorado também no dia 9 de maio, aniversário da chegada das relíquias a Bari.

Etimologia

Nicolau vem do grego Nikólaos — *niko,* vencedor, e *laos,* povo. Em inglês, Nicholas, com os derivados Nick, Nixon e Colin. Em alemão, Klaus e e Nils. Em francês, Nicolas, com o feminino Nicole ou Colette. Em italiano, Nicoló. Em espanhol, Nicolás.

Especialidade

Invocado contra furtos, roubos e assaltos, contra a fome e a carestia e contra tempestades e naufrágios. Invocado para obter andamento rápido e ganho de causa nos processos judiciais e administrativos. Invocado pelos solteiros, homens ou mulheres, para conseguir casamento.

Patrocínio

Padroeiro da Grécia e da Rússia. Padroeiro da Lorena, na França, e da Sicília, na Itália. Padroeiro das cidades de Bari, Merano e Veneza, na Itália; Friburgo, na Suíça; Liège, na Bélgica; Portsmouth; na Inglaterra; Novgorod, na Rússia, e La Rioja, na Argentina. Patrono da infância e dos marinheiros. Patrono dos agiotas, advogados, artesãos, barqueiros, bombeiros, cervejeiros, comerciantes de tecidos, trigo e vinho, engraxates, estivadores, estudantes, farmacêuticos, fiandeiras, indigentes, jangadeiros, juízes, juristas, ladrões, merceeiros, navegadores, noivos, perfumistas, pescadores, peregrinos, prisioneiros, professores de aritmética, remadores, solteironas, tabeliães, toneleiros, tanoeiros, vendedores de peixes e viajantes. Patrono das vítimas de furtos, roubos e assaltos. Protege as crianças, as viúvas, os oprimidos e todas as pessoas lesadas, processadas, condenadas ou perseguidas.

Relíquias

Os restos mortais estão na catedral de Bari, na Itália. A igreja de Port-sur-Meurthe, na França, tem um dedo de sua mão direita.

Imagens

São Nicolau é representado de cabeça descoberta, em trajes episcopais, com uma cruz e um livro nas mãos.

Superstições

Na Lorena, região da França, quando um homem solteiro completa 30 anos, sem casar, diz-se que ganhou a bengala de São Nicolau. Os marinheiros do mar Egeu e do mar Jônio desejam boa viagem, nos portos, dizendo: "Que São Nicolau segure seu leme."

Topônimos

O Rio Grande do Sul tem o município de São Nicolau.

Outros santos

Há 15 santos com o nome Nicolau, entre eles um papa, São Nicolau I.

Santo Osvaldo

Era o domingo de Páscoa por volta do ano 640. Santo Osvaldo, rei da Nortúmbria, no norte da Inglaterra, recebia seus convidados para um banquete, quando soube que centenas de pobres estavam no portão do palácio à espera de uma esmola.

Ele suspendeu o almoço e mandou distribuir para os pobres a comida que ia servir aos amigos. Ao testemunhar esse gesto de caridade, Santo Áidano, missionário da Nortúmbria, abençoou a mão do rei, dizendo-lhe: "Que esta mão não pereça jamais."

Santo Osvaldo morreu, no dia 5 de agosto de 642, aos 38 anos, numa batalha contra o rei da Mércia. Os soldados invasores despedaçaram seu corpo para que a cabeça e os braços fossem pendurados em estacas de madeira como oferenda pagã ao deus Odin.

Chocados com a falta de respeito, os cristãos da Nortúmbria conservaram como relíquias seus restos mortais. Dizem que, seiscentos anos mais tarde, quando o caixão foi aberto para trasladar os ossos, a mão direita, abençoada por Santo Áidano, continuava intacta.

A Inglaterra estava dividida, no século VII, em sete pequenos reinos, Essex, Wessex, Ânglia, Mércia, Nortúmbria e Kent, que guerreavam entre si. O pai de Santo Osvaldo, Etelfredo, ainda pagão, era o rei da Nortúmbria, cujo território ficava ao norte do rio Humber.

Quando o santo ia fazer 11 anos, seu pai foi morto pelo cunhado Eduíno numa batalha campal. A rainha viúva fugiu com os filhos para a Escócia, onde a família se converteu. O príncipe recebeu o batismo de São Columbano, que foi mestre de São Magno de Füssen.

Com a morte do tio Eduíno, derrotado noutro combate, Santo Osvaldo voltou do exílio para reconquistar o reino. Era um rapaz de 30 anos que andava sempre com um corvo no braço. Dizem que tinha braços compridos, olhos azuis, cabelos louros, barba curta e lábios finos com um sorriso amável.

Para assumir o trono, precisava vencer a batalha de Heavenfield contra o rei Cadwallon. Heavenfield quer dizer campo celeste. Na véspera do combate, fincou no chão uma grande cruz de madeira e disse a seus soldados que rezassem com ele, de joelhos, pedindo a Deus "a vitória nesta guerra justa pela salvação da pátria".

Vitorioso, casou-se com a filha do rei de Wessex. Para converter seu povo, mandou buscar na Escócia Santo Áidano. Como o missionário, ao chegar à Inglaterra, não falava uma palavra de inglês, o próprio rei traduzia os sermões para toda a corte na missa dominical.

Santo Osvaldo, cujo reinado só durou oito anos, figura entre os mártires por ter sido vítima de um exército pagão. Morreu rezando por seus guarda-costas que morreram com ele e pelos soldados inimigos que também morriam. É citado pelos ingleses numa oração: "Senhor, tende piedade de suas almas, como disse Osvaldo ao morrer."

A Inglaterra o venera como herói nacional. Setenta igrejas de Santo Osvaldo foram construídas na Idade Média. Há capelas e altares, fora do Reino Unido, em Bamberg e Regensburgo, na Alemanha; em Praga, na República Tcheca; e em Bolzano, na Itália. Seu culto se estende a outros países como a Irlanda, Portugal, Holanda, Suíça e Áustria.

Data

Santo Osvaldo está inscrito no Martirológio Romano no dia 5 de agosto, data de sua morte. Comemorado também em 9 de agosto, aniversário do traslado das relíquias. A festa litúrgica não figura no Missal Romano.

Etimologia

Osvaldo vem do germânico Answald, aquele que governa em nome de Deus. Em alemão e inglês, Oswald. Em francês, Osvald. Em italiano e espanhol, Osvaldo.

Especialidade

Invocado pelos cruzados para sua defesa pessoal. Invocado na Idade Média contra epidemias e doenças contagiosas.

Patrocínio

Patrono dos pobres, dos ourives, dos agricultores e dos que trabalham em colheita.

Relíquias

O crânio está na catedral de Durham. Os braços, em Durham e Gloucester. O tronco, provavelmente, em Gloucester.

Imagens

Representado como rei, com a coroa na cabeça, a espada na mão direita e um corvo no outro braço.

Superstições

Segundo os ingleses, quem festeja a vigília de Santo Osvaldo, na noite de 4 para 5 de agosto, é capaz de prever a data da própria morte com uma antecedência de tantos dias quantas vezes na vida tenha comemorado essa vigília.

Outros santos

Santo Osvaldo, rei e mártir, não deve ser confundido com Santo Osvaldo, bispo de Worcest, na Inglaterra, que morreu em 992 e se comemora no dia 29 de fevereiro.

São Quirino

São Quirino, o Carcereiro, era um oficial do exército romano que se converteu à fé cristã, com a família, no ano 132, depois de testemunhar os milagres que o papa Alexandre realizou na prisão, antes de ser executado. Seu martírio, em Roma, está narrado numa antiga ladainha que os devotos alemães têm o hábito de rezar na região da Renânia:

"Senhor, tende piedade de nós. (...)/ São Quirino, mártir glorioso de Jesus Cristo, rogai por nós. (...)/ São Quirino, cuja filha Balbina foi curada de seus tumores ao tocar nas correntes do papa Alexandre, rogai por nós./ São Quirino, que fostes, com a família, batizado na prisão pelo papa Alexandre, rogai por nós./ São Quirino, que em agradecimento pelos benefícios recebidos deixastes sair da prisão os santos Alexandre e Hermes, rogai por nós. (...)/ São Quirino, que, por vossas palavras cheias de fé, confundistes o orgulho do imperador Aureliano, rogai por nós. (...)/ São Quirino, que sem temor sofrestes pela fé a amputação das mãos e dos pés, rogai por nós./ São Quirino, que, sem a menor queixa, deixastes cortar a língua, rogai por nós./ São Quirino, cujo corpo mutilado foi lançado aos cães, rogai por nós./ São Quirino, cujo túmulo foi honrado por inúmeros milagres, rogai por nós. (...)"

As atas do martírio de Santo Alexandre, sexto papa depois de São Pedro, citam São Quirino como o oficial romano, com a patente de tribuno, a quem foi confiado, quando preso por ordem de Aureliano. O carcereiro pagão teria apresentado ao papa, na cadeia, sua filha doente, Balbina, que Santo Alexandre curou. Convertidos sob o impacto desse milagre, pai e filha foram decapitados no dia 30 de março de 132.

Os ossos de São Quirino, enterrados num cemitério da Via Ápia, em Roma, foram oferecidos, em 1050, pelo papa Leão IX à abadessa Gepa, sua irmã, que transferiu as relíquias para Neuss, cidade alemã às margens do Reno. A devoção propagou-se na Alemanha a partir de então. São Quirino continua popular também na Bélgica, na Holanda, em Luxemburgo, na Suíça e na Itália, onde é padroeiro de Correggio.

Data

Está inscrito no Martirológio Romano no dia 30 de março, data da morte. Comemorado também no dia 30 de abril, aniversário da trasladação das relíquias. A festa litúrgica não consta do Missal Romano.

Etimologia

Quirino vem do latim Quirinus, aquele que empunha a lança. Quirinus era o apelido de Marte e de Rômulo, depois da morte. Em inglês e alemão, Quirinus. Em italiano e espanhol, Quirino. Na Alemanha, Grein. Existe a variante Cirino.

Especialidade

Invocado contra doenças da garganta, doenças linfáticas, doenças dos olhos, doenças dos ossos, doenças da pele (mal de São Quirino), doenças do pescoço, dores de cabeça, dores de ouvido, catapora, epilepsia, escrófulas, fístulas, fraqueza das pernas, gota, inchaços, otite, paralisia, peste, problemas nos pés, reumatismo, surdez, tumores, úlceras e varíola. Invocado também contra as obsessões.

Patrocínio

Protetor das crianças debilitadas e doentias. Patrono dos cavalos e do gado. Padroeiro da Escandinávia antes da Reforma Protestante.

Relíquias

Conservadas, desde o século XI, em Neuss, na Alemanha.

Imagens

Representado como um guerreiro com armadura medieval, lança na mão direita e escudo na esquerda.

Superstições

No Luxemburgo, a água de São Quirino é benzida no quarto domingo depois da Páscoa e tomada contra doenças da pele. Em Neuss, na Alemanha, a água benzida no dia 30 de abril ajuda a cicatrizar feridas. Para apressar o casamento, as moças de Neuss arranham, com as unhas, as costas da estátua de São Quirino, na catedral da cidade.

Outros santos

Há quatro santos com este nome, todos mártires. São Quirino, o Carcereiro, não deve ser confundido com outro mártir romano, São Quirino, bispo de Sisak, na Croácia, lançado ao Tibre com uma pedra no pescoço e festejado no dia 3 de junho.

São Roque

Quando São Roque voltou para casa, em Montpellier, na França, depois de sua peregrinação a Roma, durante a qual contraiu a peste, tinha a aparência tão fraca que a própria família não o reconheceu, achando que se tratava de um impostor. Como os franceses estavam em guerra, ele acabou preso sob suspeita de ser um espião a serviço do exército inimigo.

Cinco anos mais tarde, morreu esquecido, na prisão, sem ser julgado, apesar de sobrinho do prefeito. Conta-se que, certa manhã, o carcereiro puxou sua perna, para acordá-lo, na hora da refeição, pensando que dormia. Ao tocar no defunto, esse homem, que era coxo de nascença, passou a caminhar direito. Diante do milagre, foi sepultado como santo.

Acredita-se que São Roque nasceu em Montpellier, em 1295, e morreu, na mesma cidade, em 1327. Na época, os Quatorze Santos Protetores já eram venerados no sul da Alemanha. Ele só entrou para o grupo, como suplente, no final do século XV. Apesar de muito popular até o final do século XIX, não há documentação confiável a respeito de sua vida.

Diz a lenda que nasceu com um sinal vermelho em forma de cruz no lado esquerdo do peito. Os pais acharam que essa cruz indicava uma vocação para a humildade e o sacrifício. Quando tinha 20 anos, ficou órfão, deu a herança aos pobres e decidiu visitar o túmulo dos apóstolos em Roma. Despediu-se da família, vestiu o traje dos peregrinos e pegou a estrada.

Durante o caminho, passou por três cidades da Itália que enfrentavam um surto de peste. Segundo a lenda, ofereceu-se, nos hospitais, para tratar os doentes e curou alguns, fazendo o sinal-da-cruz na testa deles.

Quando descobriu, em Piacenza, que tinha pegado a peste, retirou-se para o campo, numa cabana de palha, a fim de morrer sem dar trabalho a ninguém, mas um cachorro lhe levava, todo dia, um pão tirado da mesa do seu dono. Até que, um dia, por curiosidade esse homem, chamado Gotardo, seguiu o animal até o refúgio de São Roque na floresta.

Trazido para um castelo, o santo foi tratado pelos médicos e ficou bom. De volta a Montpellier, oito anos mais tarde, a família só o reconheceu, depois de morto, por causa da marca vermelha no peito.

Pouco tempo depois da morte, São Roque já era invocado contra a peste, junto com São Sebastião e Santo Antão. Quando o Concílio de Constança se reuniu, em 1414, convocado pelo papa, uma epidemia ameaçou dissolvê-lo. Bastou, porém, os bispos recorrerem a ele para a doença desaparecer. São Vicente Ferrer e os frades dominicanos foram propagandistas de sua devoção, que Urbano VIII confirmou em 1629.

Citado pelos personagens de Albert Camus no romance *A Peste*, São Roque é o quinto santo mais popular da Itália, depois de São Francisco, Santo Antônio de Pádua, Padre Pio e Dom Bosco.

Data

São Roque está inscrito no Martirológio Romano no dia 16 de agosto. A festa litúrgica já não consta do Missal Romano.

Etimologia

Roque vem do germânico *hroc*, homem alto e robusto. Em francês, Roch, Roc e Reu. Em inglês, Roch e Rollox. Em italiano, Rocco. Em espanhol, Roque e Rogue.

Especialidade

Invocado, na Bélgica e na Itália, contra a aids. Invocado contra epidemias e doenças contagiosas, cólera, cólicas, doenças da pele, doenças venéreas, diarréia, disenteria, doenças do gado, feridas, furúnculos, gripe, lepra, males do joelho e do pé, raquitismo, tifo e varíola. Invocado também pelas pessoas falsamente acusadas de algum crime.

Patrocínio

Patrono dos cirurgiões, cozinheiros, coveiros, donos de restaurantes, engraxates, estucadores, farmacêuticos, fabricantes de telhas, inválidos, jardineiros, marceneiros, médicos, negociantes de arte, operários de pavimentação, peregrinos, pobres, prisioneiros, solteiros, viajantes e vendedores de roupas usadas. Santo protetor dos cães. Patrono dos hospitais para doentes incuráveis. Padroeiro das cidades de Istambul, na Turquia, Montpellier, na França, e Parma, na Itália.

Relíquias

Igrejas de Arles, na França, e de Veneza, na Itália, alegam possuir seus restos mortais. Há relíquias também em Antuérpia, na Bélgica, e em Lisboa, Portugal.

Imagens

Representado em trajes de peregrino, com um cachorrinho ao lado e exibindo uma ferida na perna esquerda.

Superstições

Na Europa, os devotos costumam oferecer a São Roque moedinhas de pouco valor, fios de vassoura ou quaisquer ninharias em número igual ao de feridas que têm no corpo.

Orixás

No sincretismo religioso afro-brasileiro é chamado de Obaluaiê ou Omulu.

Topônimos

Quatro municípios brasileiros têm seu nome: São Roque, em São Paulo; São Roque de Minas, em Minas Gerais; São Roque do Canaã, no Espírito Santo; e Boa Ventura de São Roque, no Paraná. O cabo de São Roque, no Rio Grande do Norte, foi descoberto pelo navegador Américo Vespúcio no dia 16 de agosto de 1501.

Outros santos

Entre os santos homônimos figura São Roque González, um dos mártires do Paraguai, canonizado em 1988.

São Sebastião

Depois de lançar mais de cem flechas contra São Sebastião, os arqueiros do imperador deixaram seu corpo amarrado a uma árvore, nos arredores de Roma, para que fosse comido por hienas e abutres.

Ao anoitecer, quando Santa Irene, viúva de São Cástulo, foi ao local do martírio para providenciar o enterro, teve uma surpresa: o santo não estava morto. Ajudada por outros cristãos, ela o levou para casa e tratou suas feridas.

Alguns dias depois, já restabelecido, São Sebastião apresentou-se no templo pagão, perante Diocleciano, para dizer: "Deus me restituiu a vida a fim de que eu pudesse denunciar sua crueldade contra os cristãos." Quem o viu, protestando nas escadarias, pensou que fosse um fantasma. O imperador mandou espancá-lo até que não houvesse mais dúvidas quanto à sua morte.

Desta vez, o cadáver foi lançado na Cloaca Máxima, onde eram despejados os esgotos de Roma. À noite ele apareceu em sonho a Santa Lucina,[2] viúva de outro mártir, para indicar onde estava o corpo. Ela o recolheu no rio Tibre e lhe deu sepultura cristã na Via Ápia. Em cima desse túmulo, o papa Dâmaso mandou construir, em 367, a basílica que é, hoje, uma das sete igrejas principais de Roma.

A existência histórica de São Sebastião não se discute. Seu nome está na *Depositio Martyrum* com a data do martírio: o 13º dia antes das calendas de fevereiro, isto é, 20 de janeiro. É citado também no Martirológio Pseudo-Jeronimiano. Sem esquecer que Santo Ambrósio (340-397) disse dele num sermão: "O sangue do bem-aventurado mártir Sebastião foi derramado para permitir a manifestação de seus milagres."

Acredita-se, hoje, que morreu entre 302 e 304, e não em 288, a data tradicional. Nascido em Narbonne, na França, foi educado em Milão. Fez carreira no exército romano, tendo chefiado a guarda imperial, por ato do próprio Diocleciano. O papa Caio (283-296) nomeou-o defensor da Igreja para fazer apostolado junto aos companheiros de farda.

---

[2] Trata-se da mesma viúva que, segundo a lenda, providenciou o sepultamento de São Ciríaco e seus companheiros de martírio num cemitério cristão da Via Óstia.

Segundo a *Legenda Áurea*, curou Zoé, mulher do carcereiro Nicostrato, surda e muda, e o prefeito de Roma, Cromácio, que sofria de gota.

Quando o imperador soube de sua vida dupla, como cristão e militar, ordenou que os melhores arqueiros de Roma o matassem com flechadas. A lenda inspirou o romance *Fabíola*, do cardeal Wiseman, publicado em 1854.

Em 680, quando Roma era devastada pela peste, a epidemia só foi controlada depois de uma procissão com os seus ossos. São Sebastião passou a ser invocado contra a peste — considerada, na época, um flagelo do céu, só comparável a um ataque de flechas inimigas.

Mil anos mais tarde, em 1575 e 1599, duas outras cidades da Europa, Milão e Lisboa, fizeram atos públicos pedindo sua intercessão quando enfrentavam surtos semelhantes de doenças contagiosas.

Foi na Renascença o santo mais retratado na pintura e na escultura pelo fato de as circunstâncias do seu martírio permitirem a representação anatômica de um corpo masculino seminu.

Em 1567, durante a ocupação francesa na baía de Guanabara, chegou a ser visto, segundo a lenda, lutando ao lado dos portugueses numa batalha.

Data

São Sebastião está inscrito no Martirológio Romano no dia 20 de janeiro. Comemorado, no Oriente, em 18 de dezembro. A festa litúrgica figura no Missal Romano como memória facultativa.

Etimologia

Sebastião vem do grego Sebastós, augusto, magnífico, venerável. Em latim, Sebastianus. Em inglês, Sebastian. Em francês, Sébastien e Bastien. Em espanhol, Sebastián. Em italiano, Sebastiano.

Especialidade

Invocado na Idade Média contra a peste, as epidemias, as doenças contagiosas e as guerras. Invocado, hoje, na Bélgica, contra a poliomielite. Invocado também contra a morte súbita. Protege os agonizantes e as crianças débeis.

Patrocínio

Patrono dos arqueiros, atletas, bombeiros, caçadores, capatazes, encadernadores, guardas do trânsito, jardineiros, oleiros, pedreiros, policiais, presidiários, soldados, tapeceiros e vendedores de roupas. Patrono também dos inválidos de guerra. Padroeiro da cidade do Rio de Janeiro.

Relíquias

Seus ossos são conservados na basílica de São Sebastião, em Roma, e na igreja de São Medardo, em Soissons, na França. O crânio estaria na igreja dos Quatro Santos Coroados, em Roma.

Imagens

Representado como um jovem, só de calção, preso a uma árvore, com flechas no tórax.

Superstições

Em algumas regiões da Europa, os criadores não dão comida ao gado no dia de São Sebastião para evitar que os animais adoeçam durante o ano que começa.

Orixás

São Sebastião está associado a Oxóssi-caçador no sincretismo afro-brasileiro por causa das flechadas que sofreu.

Topônimos

Vinte municípios brasileiros têm seu nome: São Sebastião, em Alagoas; São Sebastião e São Sebastião da Grama, em São Paulo; São Sebastião do Alto, no Rio de Janeiro; São Sebastião da Amoreira, no Paraná; São Sebastião do Anta, São Sebastião da Bela Vista, São Sebastião do Oeste, São Sebastião do Paraíso, São Sebastião do Rio Preto, São Sebastião do Rio Verde, São Sebastião da Vargem Alegre e São Sebastião do Maranhão, em Minas Gerais; São Sebastião da Boa Vista, no Pará; São Sebastião do Caí, no Rio Grande do Sul; São Sebastião da Lagoa da Roça e São Sebastião do Umbuzeiro, na Paraíba; São Sebastião do Passé, na Bahia; São Sebastião de Tocantins, em Tocantins; e São Sebastião do Uatumã, no Amazonas. Uma das cidades satélites de Brasília também se chama São Sebastião.

Outros santos

Há oito santos com o nome Sebastião. Um deles, São Sebastião de Aparício, nasceu na Espanha em 1502. Aos 30 anos viajou para o México, onde se casou duas vezes e se tornou rico proprietário de terras. Ao ficar viúvo pela segunda vez, com 70 anos, distribuiu os bens entre os pobres e entrou para um convento franciscano como irmão leigo. Morreu com 98 anos e foi canonizado por Pio VI em 1786.

PARA CADA MAL O SANTO REMÉDIO

A

Acidente do trabalho — Catarina
Acidentes em geral — Cristóvão e Pantaleão
Aflições — Acácio
Afogamento — Catarina e Cristóvão
Agitação nervosa — Gil
Aids — Roque
Amputações — Antão
Angina — Brás
Angústia dos agonizantes — Acácio, Bárbara e Sebastião
Animais ferozes — Brás
Ansiedade — Ciríaco e Guido
Apendicite — Erasmo
Artrite — Jorge
Asma — Cristóvão
Assaltos — Jorge, Leonardo e Nicolau

B

Balas perdidas — Bárbara e Jorge
Bócio — Brás e Jorge
Bruxaria — Jorge e Pantaleão

C

Cãibras — Erasmo
Calamidades naturais — Cristóvão
Câncer — Gil
Carestia — Nicolau

Catapora — Osvaldo
Causas desesperadas — Eustáquio
Cegueira — Ciríaco e Guido
Chagas — Roque
Choro de criança — Gil e Pantaleão
Ciladas do demônio — Acácio
Cobras — Brás e Magno
Cólera — Roque
Cólicas — Cristóvão, Erasmo e Roque
Conflitos pessoais — Dinis
Convulsões — Gil
Coqueluche — Brás
Coxeadura — Gil e Guido

D

Debilidade infantil — Leonardo, Quirino e Sebastião
Definhamento — Pantaleão
Delírio da febre — Bárbara e Gil
Demência — Gil
Demora em casar — Bárbara, Brás, Catarina, Nicolau e Quirino
Depressão — Ciríaco e Guido
Dermatose — Catarina
Desavenças familiares — Eustáquio
Desgraças em geral — Gil
Diarréia — Roque e Erasmo
Dificuldade de acordar — Guido
Dificuldade de andar — Cristóvão
Dificuldade de cicatrizar — Margarida e Roque
Dificuldade para se confessar — Pantaleão
Dificuldade nos estudos e nos exames — Catarina
Difteria — Brás
Discórdias — Dinis
Disenteria — Roque
Distúrbios do sono — Guido
Distúrbios nervosos — Ciríaco, Dinis e Gil

Doença de Alzheimer — Gil
Doenças da cabeça — Jorge
Doenças contagiosas — Antão, Cristóvão, Gil, Osvaldo, Roque e Sebastião
Doenças convulsivas — Guido
Doenças da face — Margarida
Doenças do gado — Brás, Erasmo, Gil, Jorge e Roque
Doenças da garganta — Brás e Quirino
Doenças infantis — Brás e Erasmo
Doenças intestinais — Erasmo
Doenças da língua — Bárbara e Catarina
Doenças mentais — Gil e Leonardo
Doenças dos olhos — Brás, Ciríaco, Cristóvão e Quirino
Doenças da pele — Antão, Catarina, Jorge, Quirino e Roque
Doenças dos pés — Quirino e Roque
Doenças do pescoço — Brás e Quirino
Doenças pulmonares — Pantaleão
Doenças respiratórias — Brás
Doenças dos rins — Margarida
Doenças terminais — Brás e Cristóvão
Doenças venéreas — Antão, Jorge e Roque
Doenças da vesícula — Brás
Dor d'olhos — Brás
Dores de barriga — Erasmo
Dores nos braços — Ciríaco
Dores de cabeça — Acácio, Dinis, Dorotéia, Leonardo e Pantaleão
Dores nas costas — Margarida
Dores de dentes — Brás e Cristóvão
Dores de garganta — Brás
Dores nos joelhos — Roque
Dores de ouvido — Gil e Quirino
Dores nas pernas — Ciríaco
Dores de vesícula — Brás e Erasmo
Dúvidas da fé — Eustáquio, Jorge e Margarida

E

Eclâmpsia — Guido
Eczemas — Antão e Dorotéia
Engasgos — Brás
Enjôo no mar — Erasmo
Entorses — Leonardo
Enxaqueca — Catarina e Dinis
Epidemias — Antão, Cristóvão, Gil, Jorge, Osvaldo e Sebastião
Epilepsia — Cristóvão, Erasmo, Gil e Quirino
Erisipela — Antão e Dorotéia
Erupções da pele — Catarina e Jorge
Escrófulas — Quirino
Espasmos — Erasmo
Espirros — Brás
Estrabismo — Pantaleão
Exílio — Margarida
Explosões — Bárbara

F

Facadas — Catarina
Falso testemunho — Roque
Falta de chuva — Brás e Jorge
Falta de leite na amamentação — Catarina e Margarida
Febre — Bárbara, Gil e Jorge
Feridas — Antão, Catarina, Margarida e Roque
Fístulas — Quirino
Fome — Cristóvão e Nicolau
Fraqueza nas pernas — Quirino
Furacões — Brás
Furtos — Leonardo e Nicolau
Furúnculos — Roque

G

Gafanhotos — Pantaleão
Gagueira — Brás

Golpes do destino — Eustáquio
Gota — Catarina, Jorge e Quirino
Granizo — Cristóvão, Gil e Magno
Gripe — Roque

H

Hemorragias — Brás
Herpes — Jorge e Pantaleão
Hidrofobia — Dinis e Guido
Histeria — Guido

I

Impenitência final — Bárbara, Catarina e Cristóvão
Inapetência dos bebês — Pantaleão
Incêndios — Bárbara, Cristóvão, Eustáquio e Gil
Incontinência urinária — Catarina e Guido
Indigência — Nicolau
Infecções — Jorge
Infertilidade — Catarina, Gil e Leonardo
Inflamações — Jorge
Influências malignas — Ciríaco
Insetos nocivos — Eustáquio e Magno
Insônia — Guido
Intempéries — Leonardo
Inundações — Cristóvão
Invalidez — Gil, Roque e Sebastião

L

Letargia — Guido
Loucura — Gil, Guido e Leonardo

M

Mau tempo — Leonardo
Medo — Cristóvão e Gil
Medo da água — Guido

Problemas nos pés — Quirino
Problemas em viagens — Cristóvão, Nicolau e Roque
Problemas na vista — Ciríaco
Processos na justiça — Catarina e Nicolau
Processos parados — Catarina e Nicolau
Punhaladas — Catarina

R

Raios — Bárbara, Cristóvão, Guido e Magno
Raquitismo — Roque
Ratos — Magno
Relâmpagos — Bárbara, Cristóvão, Guido e Magno
Répteis — Guido
Resfriados — Catarina
Reumatismo — Ciríaco, Jorge e Quirino
Risco de aborto — Catarina
Risco de desabamento — Bárbara
Risco de guerra — Jorge e Sebastião
Rivalidades — Dinis
Roubos — Leonardo e Nicolau
Rouquidão — Brás

S

Seca — Cristóvão, Gil e Jorge
Sem-terra — Ciríaco
Senilidade — Gil
Seqüestros — Leonardo
Sífilis — Dinis e Jorge
Situações de abandono — Gil
Situações difíceis — Eustáquio
Solidão — Pantaleão
Soluço — Brás
Sono pesado — Guido
Sono prolongado — Guido
Sonolência — Guido
Surdez — Guido e Quirino

T

Tempestades — Bárbara, Cristóvão, Erasmo, Gil, Guido e Nicolau
Temporais — Guido
Tentações do demônio — Acácio, Ciríaco, Cristóvão, Jorge e Margarida
Terremotos — Cristóvão, Gil e Guido.
Terror noturno — Gil
Tesouros enterrados — Bárbara, Cristóvão, Jorge e Leonardo
Tifo — Roque
Tiros — Bárbara
Torcicolo — Brás
Tortura — Ciríaco e Pantaleão
Tosse — Brás
Tragédias na família — Eustáquio
Trovões — Bárbara e Cristóvão
Tuberculose — Pantaleão
Tumores — Gil e Quirino

U

Úlceras — Brás, Gil e Quirino
Urinar na cama — Catarina

V

Varíola — Osvaldo e Roque
Varizes — Antão
Vermes intestinais — Catarina
Viuvez — Eustáquio
Vulcões — Jorge

PROFISSÕES E SEUS PATRONOS

A

Açougueiros — Antão, Bárbara e Jorge
Advogados — Catarina e Leonardo
Afinadores de piano — Catarina
Agiotas — Nicolau
Agricultores — Brás, Jorge, Margarida e Osvaldo
Aguadeiros — Cristóvão
Alfaiates — Brás
Alpinistas — Ciríaco
Alquimistas — Bárbara
Amas-de-leite — Catarina e Pantaleão
Amoladores — Catarina
Arcabuzeiros — Dinis
Arqueiros — Cristóvão e Sebastião
Arquitetos — Bárbara
Arquivistas — Catarina
Artesãos — Nicolau
Artilheiros — Bárbara
Ascensoristas — Cristóvão
Atiradores — Bárbara e Eustáquio
Atletas — Cristóvão e Sebastião
Atores — Guido

B

Babás — Pantaleão
Bailarinos — Guido
Barbeiros — Catarina
Barqueiros — Bárbara, Cristóvão e Nicolau

Bibliotecários — Catarina
Bombeiros — Bárbara, Eustáquio, Nicolau e Sebastião

C

Caçadores — Brás, Eustáquio e Sebastião
Caldeireiros — Guido e Leonardo
Caminhoneiros — Cristóvão
Canhoneiros — Bárbara
Capatazes — Sebastião
Carcereiros — Leonardo e Quirino
Cardadores — Brás
Carpinteiros — Bárbara e Cristóvão
Carregadores — Ciríaco, Cristóvão e Leonardo
Carreteiros — Catarina
Carroceiros — Catarina
Carteiros — Cristóvão
Cavalariços — Leonardo
Cavaleiros — Jorge
Cervejeiros — Bárbara, Dorotéia e Nicolau
Cesteiros — Antão
Chapeleiros — Bárbara e Brás
Chaveiros — Leonardo
Ciclistas — Catarina
Cientistas — Catarina
Cirurgiões — Bárbara e Roque
Comerciantes de tecidos — Nicolau
Comerciantes de trigo — Nicolau
Comerciantes de vinhos — Nicolau
Cômicos — Guido
Construtores — Brás
Construtores de túneis — Bárbara
Costureiras — Catarina
Coveiros — Antão, Bárbara e Roque
Cozinheiros — Bárbara e Roque
Criadores de gado — Brás
Criadores de porcos — Antão
Cuteleiros — Eustáquio

D

Dançarinos — Guido
Descarregadores — Cristóvão
Donos de restaurantes — Roque

E

Ecologistas — Eustáquio
Editores — Catarina
Educadores — Catarina
Encadernadores — Cristóvão e Sebastião
Enfermeiras — Margarida
Engenheiros militares — Bárbara
Engraxates — Nicolau e Roque
Entalhadores — Brás
Eremitas — Antão e Gil
Escoteiros — Jorge
Esgrimistas — Jorge
Esportistas — Cristóvão
Estivadores — Nicolau
Estudantes — Catarina e Nicolau
Exorcistas — Ciríaco

F

Fabricantes de armas — Bárbara
Fabricantes de colchões — Brás
Fabricantes de cordas — Catarina
Fabricantes de escovas — Antão
Fabricantes de lençóis — Brás
Fabricantes de rodas — Catarina
Fabricantes de telhas — Roque
Fabricantes de velas — Brás
Fabricantes de violinos — Erasmo
Farmacêuticos — Bárbara, Nicolau e Roque
Ferreiros — Bárbara, Gil e Leonardo
Ferroviários — Cristóvão
Fiandeiras — Catarina e Nicolau
Filósofos — Catarina

Floristas — Dorotéia
Fogueteiros — Bárbara
Fonoaudiólogos — Brás
Fruteiros — Cristóvão
Fuzileiros — Bárbara

G

Geólogos — Bárbara
Gráficos — Catarina
Guardas florestais — Eustáquio
Guardas de trânsito — Sebastião

H

Hortifrutigranjeiros — Dorotéia e Leonardo

J

Jangadeiros — Nicolau
Jardineiros — Cristóvão, Dorotéia, Leonardo, Roque e Sebastião
Jóqueis — Jorge
Juizes — Nicolau
Juristas — Catarina e Nicolau

L

Ladrões — Nicolau
Laringologistas — Brás
Lavadeiras — Dorotéia
Lavradores — Bárbara
Lenhadores — Catarina

M

Madeireiros — Eustáquio
Marceneiros — Brás, Catarina e Roque
Marinheiros — Cristóvão e Nicolau
Matemáticos — Bárbara
Mecânicos — Bárbara e Catarina
Médicos — Brás, Pantaleão e Roque
Mensageiros — Cristóvão

Merceeiros — Nicolau
Metalúrgicos — Bárbara
Meteorologistas — Erasmo
Mineiros — Bárbara, Dorotéia, Leonardo e Catarina
Modistas — Catarina
Moleiros — Catarina
Montanhistas — Bárbara e Cristóvão
Motoristas de ônibus — Cristóvão

N

Navegadores — Nicolau
Navegantes — Bárbara, Cristóvão e Erasmo

O

Oleiros — Catarina e Sebastião
Operários da construção civil — Brás
Operários da pavimentação — Roque
Oradores — Catarina
Ourives — Osvaldo

P

Parteiras — Dorotéia e Margarida
Parturientes — Leonardo
Pedreiros — Brás, Bárbara e Sebastião
Peregrinos — Cristóvão, Nicolau e Roque
Perfumistas — Nicolau
Pescadores — Erasmo e Nicolau
Pirotécnicos — Bárbara
Policiais — Sebastião
Porteiros — Cristóvão e Leonardo
Pregadores — Catarina
Prisioneiros — Leonardo, Nicolau e Roque
Produtores de lingüiça — Antão
Produtores de vinho — Ciríaco
Professores — Catarina e Margarida
Professores de aritmética — Leonardo

Q

Quebradores de pedras — Brás

R

Remadores — Nicolau

S

Sapateiros — Brás
Seleiros — Jorge
Serralheiros — Leonardo
Sineiros — Antão e Bárbara
Soldados — Acácio, Jorge, Margarida e Sebastião

T

Tabeliães — Catarina e Leonardo
Tanoeiros — Nicolau
Tapeceiros — Bárbara e Sebastião
Taxistas — Cristóvão
Tecelões — Bárbara, Brás, Catarina e Eustáquio
Teólogos — Catarina
Tintureiros — Cristóvão
Toneleiros — Nicolau
Torneiros — Catarina e Erasmo
Trabalhadores em colheita — Osvaldo
Trabalhadores em curtumes — Brás e Catarina
Transportadores — Cristóvão

V

Varejistas — Eustáquio
Vendedores de peixes — Nicolau
Vendedores de roupas — Eustáquio e Sebastião
Vendedores de roupas usadas — Roque
Veterinários — Brás
Viajantes — Cristóvão e Nicolau
Violinistas — Erasmo

ORAÇÕES AOS QUATORZE SANTOS

Deus todo poderoso e misericordioso, que honrastes com privilégios especiais vossos eleitos Jorge, Brás, Erasmo, Pantaleão, Guido, Cristóvão, Dinis, Ciríaco, Acácio, Eustáquio, Gil, Margarida, Catarina e Bárbara, dignai-vos conceder a todos os que, em suas necessidades, implorarem o socorro desses santos, a graça de serem atendidos em vista da salvação eterna. Por Nosso Senhor Jesus Cristo, vosso Filho, que convosco vive e reina na unidade do Espírito Santo. Amém.

Deus Todo Poderoso, que coroastes os Quatorze Santos Protetores com a eterna glória, como prêmio de seus feitos extraordinários, e os distinguistes especialmente, prometendo atender aos pedidos de todos os que recorressem a eles em caso de necessidade, nós vos pedimos a graça de imitá-los em suas virtudes e de alcançarmos por seus méritos uma morte feliz. Concedei-nos o perdão dos pecados e a assistência em nossas boas obras a fim de continuarmos merecendo vosso amor até o fim e que, após esta vida, sejamos recompensados com a coroa da eterna felicidade. Por Jesus Cristo, Nosso Senhor, na unidade do Espírito Santo. Amém.

Deus todo Poderoso e pai misericordioso, que distinguistes com especial privilégio vossos santos escolhidos São Jorge, São Brás, Santo Erasmo, São Pantaleão, São Guido, São Cristóvão, São Dinis, São Ciríaco, Santo Acácio, Santo Eustáquio, São Gil, Santa Margarida, Santa Bárbara e Santa Catarina, assegurando que seriam atendidos em suas necessidades, conforme vossa promessa, todos os que recorrerem a esses Quatorze Santos, concedei-nos o perdão de nossos pecados e por intercessão desses santos livrai-nos das adversidades. Por Jesus Cristo, Nosso Senhor. Amém.

Quatorze Santos Protetores, zelosos servos do Pai celestial, favoritos de seu divino Filho e templos do Espírito Santo, para sempre sede louvados. Eu vos honro e venero como modelos de virtudes, espelhos de perfeição e ornamentos da Santa Igreja. Deus vos tornou conhecidos como refúgio dos aflitos e auxílio dos cristãos. Sendo assim, recorro a vós com grande confiança. Pelo amor que Deus inflamou em vossos corações e pelo grande desejo que tivestes de servir a ele, eu vos imploro que me tomeis sob vossa proteção e intercedei por mim junto ao trono de Deus. Alcançai-me consolação e assistência, especialmente nas angústias e ansiedades que agora me oprimem. Livrai-me de meus sofrimentos, se este for o desejo de Deus, ou então, em caso contrário, que eu obtenha a graça de sofrer com paciência conforme a vontade divina. Rogai por mim a Jesus Cristo a fim de que ele seja glorificado por todos os séculos dos séculos. Amém.

Gloriosos Santos Auxiliares, Santo Erasmo, São Jorge, São Brás, São Cristóvão, São Guido, São Pantaleão, São Dinis, São Ciríaco, Santo Acácio, Santo Eustáquio, São Gil, Santa Bárbara, Santa Catarina e Santa Margarida, sabendo que fostes honrados com a promessa de atender a todos que recorressem a vós nas tribulações e sabendo também que serão cumulados com a graça divina todos os que vos veneram, suplico vossa intercessão para obter o perdão dos meus pecados a fim de que possa merecer o gozo da eterna bem-aventurança. Por Jesus Cristo, Nosso Senhor, amém.

Quatorze Santos Auxiliares, príncipes do céu, que na Terra sacrificastes tudo a Deus — a riqueza, a honra e a própria vida — e agora estais na posse da coroa eterna, reinando gloriosamente no céu, lembrai-vos de mim, pecador, e rogai a Deus, por quem renunciastes a todas as coisas e que vos ama tanto, para que me seja concedida a força de suportar com paciência os sofrimentos desta vida, vencendo as tentações e perseverando até a morte, a fim de que seja aceito em vossa companhia, para louvar e glorificar a Deus, nosso supremo bem, por toda a eternidade. Amém.

Ó Deus, que milagrosamente fortalecestes os Quatorze Santos Protetores na confissão da fé, concedei-nos, nós vos rogamos, que imitemos sua fortaleza ao vencer todas as tentações, e protegei-nos por sua intercessão em todos os perigos para a alma e o corpo, a fim de que possamos vos servir na pureza do coração e na castidade do corpo. Por Cristo Nosso Senhor, na unidade do Espírito Santo, amém.

Ladainhas (I)

Senhor, tende piedade de nós.
Jesus Cristo, tende piedade de nós.
Senhor, tende piedade de nós.
Jesus Cristo, ouvi-nos.
Jesus Cristo, atendei-nos.
Pai celeste, que sois Deus, tende piedade de nós.
Filho, redentor do mundo, que sois Deus, tende piedade de nós.
Espírito Santo, que sois Deus, tende piedade de nós.
Santíssima Trindade, que sois um só Deus, tende piedade de nós.
Santa Maria, rogai por nós.
Santa Mãe de Deus, rogai por nós.
Santa Virgem das Virgens, rogai por nós.
Refúgio dos pecadores, rogai por nós.
Saúde dos enfermos, rogai por nós.
Consoladora dos aflitos, rogai por nós.
Auxílio dos cristãos, rogai por nós.

Rainha dos céus, rogai por nós.

Rainha de todos os santos, rogai por nós.

São Miguel, rogai por nós.

Todos os santos anjos e arcanjos, rogai por nós.

Todas as ordens santas dos espíritos bem-aventurados, rogai por nós.

Todos os santos patriarcas e profetas, rogai por nós.

Todos os santos apóstolos e evangelistas, rogai por nós.

São Jorge, rogai por nós.

São Brás, rogai por nós.

Santo Erasmo, rogai por nós.

São Guido, rogai por nós.

São Pantaleão, rogai por nós.

São Cristóvão, rogai por nós.

São Dinis, rogai por nós.

São Ciríaco, rogai por nós.

Santo Acácio, rogai por nós.

Santo Eustáquio, rogai por nós.

São Gil, rogai por nós.

Santa Margarida, rogai por nós.

Santa Catarina, rogai por nós.

Santa Bárbara, rogai por nós.

Todos os Santos Auxiliares, rogai por nós.

Modelos de cristãos, rogai por nós.

Exemplos de constância, rogai por nós.

Nobres heróis da fé, rogai por nós.

Confessores corajosos, rogai por nós.

Mártires gloriosos, rogai por nós.

Todos os santos monges e eremitas, rogai por nós.

Todas as santas virgens e viúvas, rogai por nós.

Todos os santos e santas de Deus, rogai por nós.

Sede-nos propício, poupai-nos, Senhor.

Sede-nos propício, ouvi-nos, Senhor.

De todo o mal, livrai-nos, Senhor.

De vossa ira, livrai-nos, Senhor.

Da morte repentina e imprevista, livrai-nos, Senhor.

Da traição do demônio, livrai-nos, Senhor.

Da cólera, do ódio e de toda a má vontade, livrai-nos, Senhor.

Da peste, fome e guerra, livrai-nos, Senhor.

Dos raios e tempestades, livrai-nos, Senhor.

Da morte eterna, livrai-nos, Senhor.

Pelo mistério de vossa santa Encarnação,

Por vossa Cruz e Paixão,

Por vossos méritos e pela intercessão de vossa Mãe Imaculada,

Pelos méritos e a intercessão dos Quatorze Santos Auxiliares,

Pelos méritos e pela intercessão de todos os santos.

Embora sejamos pecadores, nós vos suplicamos, ouvi nossos rogos.

Para que nos perdoeis, nós vos suplicamos, ouvi nossos rogos.

Para que vos digneis governar e conservar vossa santa Igreja, nós vos suplicamos.

Para que vos digneis conceder e conservar os frutos da terra, nós vos suplicamos.

Para que vos digneis confortar-nos e conservar-nos no vosso santo serviço, nós vos suplicamos.

Para que vos digneis conceder o eterno descanso a todos os fiéis defuntos, nós vos suplicamos.

Cordeiro de Deus, que tirais os pecados do mundo, perdoai-nos, Senhor.

Cordeiro de Deus, que tirais os pecados do mundo, ouvi-nos, Senhor.

Cordeiro de Deus, que tirais os pecados do mundo, tende piedade de nós.

Rogai por nós, todos os Santos Auxiliares,

para que sejamos dignos das promessas de Cristo, Nosso Senhor..

Oremos: Deus todo-poderoso, que coroastes os Quatorze Santos Auxiliares com a glória eterna em recompensa de suas virtudes excelentes e os distinguistes para que a eles recorramos em nossas necessidades, nós vos pedimos, dai-nos a graça de imitar suas virtudes e morrer uma morte santa por seus méritos. Concedei-nos o perdão de nossos pecados e vossa assistência em nossas boas obras para que possamos perseverar em vosso amor até o fim e para que, após esta vida, sejamos recompensados com a coroa da eterna bem-aventurança. Por Nosso Senhor Jesus Cristo, vosso Filho, que convosco vive e reina na unidade do Espírito Santo. Amém.

Ladainhas (II)

Senhor, tende piedade de nós.
Senhor, tende piedade de nós.
Cristo, tende piedade de nós.
Senhor, tende piedade de nós.
Senhor, tende piedade de nós.
Sempre-Virgem Maria, Mãe de Deus, rogai por nós.
São José, casto esposo de Nossa Senhora, rogai por nós.
São Joaquim e Sant'Ana, rogai por nós.
São João Batista, rogai por nós.
Santa Isabel, rogai por nós.
Sagrada Família, rogai por nós.
Todos os santos da corte celestial, rogai por nós.
Quatorze Santos Protetores, venerados pela eficácia de vossa intercessão junto ao trono de Deus,
protegei e ajudai os que precisam de ajuda.
Quatorze Auxiliadores em caso de necessidade, invocados pelos doentes e pelos que estão em perigo e aflição,
protegei e ajudai os que precisam de ajuda.

São Brás, invocado contra as doenças da garganta,
protegei e ajudai os que precisam de ajuda.
São Jorge, invocado contra as doenças da pele,
protegei e ajudai os que precisam de ajuda.
Santo Acácio, invocado contra as dores de cabeça,
protegei e ajudai os que precisam de ajuda.
São Cristóvão, invocado contra os temporais, as tempestades, as epidemias e para evitar os acidentes de viagem,
protegei e ajudai os que precisam de ajuda.
São Pantaleão, invocado contra a fraqueza e o enfraquecimento,
protegei e ajudai os que precisam de ajuda.
Santa Bárbara, invocada contra os raios e a morte súbita,
protegei e ajudai os que precisam de ajuda.
São Dinis, invocado contra a possessão diabólica,
protegei e ajudai os que precisam de ajuda.
São Gil, invocado contra o pânico, a epilepsia, a loucura e o terror noturno,
protegei e ajudai os que precisam de ajuda.
Santa Margarida, invocada contra as dores do parto,
protegei e ajudai os que precisam de ajuda.
Santo Erasmo, invocado contra as doenças do estômago,
protegei e ajudai os que precisam de ajuda.
São Ciríaco, invocado contra as doenças dos olhos e a possessão diabólica,
protegei e ajudai os que precisam de ajuda.
São Guido, invocado contra as convulsões, a letargia, as mordidas de cobra e as picadas de insetos,
protegei e ajudai os que precisam de ajuda.
Santo Eustáquio, invocado contra o fogo eterno e o fogo temporal,
protegei e ajudai os que precisam de ajuda.
Santa Catarina, invocada pelos estudantes, professores, filósofos e oradores,
protegei e ajudai os que precisam de ajuda.

Todos vós, outros santos abençoados por Deus, que em diferentes tempos e lugares
também fostes invocados entre os Quatorze Santos Protetores,
intercedei pelos aflitos, ajudai os necessitados.
São Magno de Füssen e São Magno de Altino,
intercedei pelos aflitos, ajudai os necessitados.
São Nicolau de Mira e São Leonardo abade,
intercedei pelos aflitos, ajudai os necessitados.
Santo Osvaldo rei e São Quirino mártir,
intercedei pelos aflitos, ajudai os necessitados.
São Roque, São Sebastião e Santa Dorotéia,
intercedei pelos aflitos, ajudai os necessitados.

⁓

Rogai por nós, Quatorze Santos Protetores, para que sejamos merecedores das promessas de Cristo. Os santos julgam as nações e governam os povos, e o Senhor Deus reina para sempre.

⁓

Oremos: Deus eterno e todo poderoso, que nos concedestes venerar os méritos de vossos santos, nós vos suplicamos, por intercessão dos Quatorze Protetores, que nos seja concedida a abundância de vossa misericórdia. Por Nosso Senhor Jesus Cristo Vosso Filho, em unidade com o Espírito Santo Deus, agora e para sempre. Amém.

Ladainhas (III)

Senhor, tende piedade de nós.
Cristo, tende piedade de nós.
Senhor, tende piedade de nós.
Cristo, ouvi-nos.

Cristo, atendei-nos.

Deus Pai Celestial, tende piedade de nós.

Deus Filho, redentor do mundo, tende piedade de nós.

Deus Espírito Santo, tende piedade de nós.

Santíssima Trindade, um só Deus, tende piedade de nós.

Santa Maria, Rainha dos Mártires, rogai por nós.

São José, nosso protetor nas necessidades, rogai por nós.

Quatorze Santos Auxiliares, rogai por nós.

São Jorge, valoroso mártir de Cristo, rogai por nós.

São Brás, zeloso bispo e benfeitor dos pobres, rogai por nós.

Santo Erasmo, poderoso protetor dos oprimidos, rogai por nós.

São Pantaleão, milagroso exemplo de caridade, rogai por nós.

São Guido, especial protetor da castidade, rogai por nós.

São Cristóvão, poderoso intercessor nos perigos, rogai por nós.

São Dinis, brilhante espelho de fé e confiança, rogai por nós.

São Ciríaco, terror do inferno, rogai por nós.

Santo Acácio, nosso advogado na hora da morte, rogai por nós.

Santo Eustáquio, modelo de paciência na adversidade, rogai por nós.

São Gil, exemplo de desprezo ao mundo, rogai por nós.

Santa Margarida, corajosa campeã da fé, rogai por nós.

Santa Catarina, defensora da fé e da pureza, rogai por nós.

Santa Bárbara, patrona dos agonizantes, rogai por nós.

Todos vós, Santos Protetores, rogai por nós.

Todos vós, santos de Deus, rogai por nós.

Nas tentações contra a fé, rogai por nós.

Em todas as veredas e adversidades, rogai por nós.

Na ansiedade e na pobreza, rogai por nós.

Em cada combate, rogai por nós.

Em cada tentação, rogai por nós.

Na doença, rogai por nós.

Em todas as necessidades, rogai por nós.
No medo e no terror, rogai por nós.
Nas ameaças à salvação, rogai por nós.
Nas ameaças à honra, rogai por nós.
Nas ameaças à reputação, rogai por nós.
Nas ameaças à propriedade, rogai por nós.
Nos perigos do fogo e da água, rogai por nós.
Tende piedade, poupai-nos, Senhor.
Tende piedade, atendei-nos, Senhor.
De todos os pecados, livrai-nos, Senhor.
Da vossa ira, livrai-nos, Senhor.
Do flagelo dos terremotos, livrai-nos, Senhor.
Da peste, da fome e da guerra, livrai-nos, Senhor.
Dos raios e tempestades, livrai-nos, Senhor.
Da morte súbita, para a qual não estamos preparados, livrai-nos, Senhor.
Da condenação eterna, livrai-nos, Senhor.
Pelo mistério da santa Encarnação, sede-nos propício, Senhor.
Por vosso nascimento e vida, sede-nos propício, Senhor.
Por vossa cruz e paixão, sede-nos propício, Senhor.
Por vossa morte e sepultamento, sede-nos propício, Senhor.
Pelos méritos de vossa Mãe bem-aventurada, sede-nos propício, Senhor.
Pelos méritos dos Quatorze Santos Protetores, sede-nos propício, Senhor.
No dia do julgamento, livrai-nos, Senhor.
Nós, pecadores, vos suplicamos, ouvi-nos.
Que sejamos poupados, nós vos suplicamos, atendei-nos.
Que sejamos perdoados,
Que sejamos convertidos à verdadeira penitência,
Que nos sejam dados e preservados os frutos da terra,
Que protejais e propagueis vossa Santa Igreja,
Que preserveis a paz e a concórdia entre as nações,

Que concedais o repouso eterno às almas dos que partiram desta vida,
Que nos ajudeis pela intercessão dos Santos Protetores,
Que pela intercessão de São Jorge preserveis nossa fé,
Que pela intercessão de São Brás confirmeis nossa esperança,
Que pela intercessão de Santo Erasmo nos inflameis no vosso santo amor,
Que pela intercessão de São Pantaleão nos deis a caridade ao próximo,
Que pela intercessão de São Guido nos ensineis o valor de nossa alma,
Que pela intercessão de São Cristóvão nos preserveis do pecado,
Que pela intercessão de São Dinis nos deis a tranqüilidade de consciência,
Que pela intercessão de São Ciríaco nos deis a resignação diante de vossa vontade,
Que pela intercessão de Santo Eustáquio nos deis a paciência na adversidade,
Que pela intercessão de Santo Acácio nos seja assegurada uma morte feliz,
Que pela intercessão de São Gil nos seja assegurado um julgamento misericordioso,
Que pela intercessão de Santa Margarida nos preserveis do inferno,
Que pela intercessão de Santa Catarina seja breve o nosso purgatório,
Que pela intercessão de Santa Bárbara sejamos acolhidos no céu,
Que pela intercessão de todos os Santos Auxiliares
sejamos atendidos em nossas preces,
Cordeiro de Deus, que tirais os pecados do mundo, livrai-nos, Senhor,
Cordeiro de Deus, que tirais os pecados do mundo, ouvi-nos, Senhor,
Cordeiro de Deus, que tirais os pecados do mundo, tende piedade de nós, Senhor.
Rogai por nós, todos os Quatorze Santos Protetores.
Que sejamos merecedores das promessas de Cristo.

Oremos: Deus todo poderoso e eterno, que concedestes graças e dons extraordinários a vossos santos Jorge, Brás, Erasmo, Pantaleão, Guido, Cristóvão, Dinis, Ciríaco, Eustáquio, Acácio, Gil, Margarida, Catarina e Bárbara, e os distinguistes pelos milagres, nós vos suplicamos que sejam atendidas as preces de todos os que recorrerem à vossa intercessão. Por Cristo, Nosso Senhor, amém.

BIBLIOGRAFIA

Thurston, Herbert J. e Attwater, Donald, *Vida dos Santos de Butler*, 12 volumes, Editora Vozes, Petrópolis, 1985.

Attwater , Donald e John, Catherine Rachel, *The Peguin Dictionary of Saints*, Penguin Books, Londres, 1995.

Farmer, David, *Oxford Dictionary of Saints*, Oxford University Press, Oxford, 1997.

Pierrard, Pierre, *Dictionnaire des Prénoms et des Saints Larousse*, Librairie Larousse, Paris, 1974.

Dubard, Jean-Luc, *Les Saints Guérrisseurs*, 5 volumes, Ab Editions, Ath, 1997.

De Voragine, Jacques, *La Legende Dorée*, Éditions du Seuil, Paris, 1998.

De Varazze, Jacopo, *Legenda Áurea, Vida dos Santos*, Tradução de Hilário Franco Júnior, Companhia das Letras, São Paulo, 2003.

Jöckle, Clemens, *Encyclopedia of Saints*, Pargkgate Books, Londres, 1997.

Bonfante-Warren, Alexandra, *Saints — Seventy Stories of Faith*, Courage Books, Filadélfia, 2000.

Mcbrien, Richard P., *Lifes of Saints — From Mary and San Francis to John XXIII and Mother Teresa*, Harper SanFrancisco, São Francisco, 2001.

Hammer, O.F.M., Fr. Bonaventure, *The Fourteen Holy Helpers*, Tan Books, Rockford, Illinois, 1995.

Schütz, Bernhard, *Vierzehnheiling — Gerschichte und Kunsk,* Verlag Schnell & Steiner, Munique, 1992.

Lefèvre, Jean-Baptiste, *Saints Protecteurs et Guérrisseurs en Province de Namur,* Musée des Arts Anciens du Namur Namurois, Namur, 1995.

Testa, Marina, *I Quattordici Santi Ausiliatori, Origine e sviluppo del Culto in Alto Adige,* Provincia Autonoma de Bolzano, 1996.

Vários autores, *Biblioteca Sanctorum,* Instituto Giovanni XXIII, Città Nuova Editrice, 18 volumes, Roma, 1978.

Chiovaro, Francesco e outros, *Histoire des Saints et de la Sainteté Chrétienne,* 8 volumes, Le Livre de Paris, Hachette, 1986-1988.

Martyrologium Romanum, Libreria Editrice Vaticana, Roma, 2004.

Missale Romanum, 3ª. Edição, Libreria Editrice Vaticana, Roma, 2002.

EDITORA OBJETIVA LTDA. Rua Cosme Velho, 103
Rio de Janeiro – RJ – CEP: 22241-090
Tel.: (21) 2199-7824 – Fax: (21) 2199-7825
www.objetiva.com.br

Capa
Tita Nigrí (Design)
Claudio Cambra (Relicário)

Revisão
Rosy Lamas
Lucas Bandeira de Melo
Taisa Fonseca

Editoração Eletrônica
FA Editoração

A568q
Andrade, Luís Edgar de
Quatorze santos de emergência / Luís Edgar de Andrade. – Rio de Janeiro : Objetiva, 2006

247p. : il. ISBN 85-7302-811-4

1. Santos cristãos padroeiros. 2. Santos cristãos – Culto. I. Título.

06-3588. CDD 922.22
CDU 929:235.3

markgraph

Rua Aguiar Moreira, 386 - Bonsucesso
Tel.: (21) 3868-5802 Fax: (21) 2270-9656
e-mail: markgraph@domain.com.br
Rio de Janeiro - RJ